50+1 progetti con i cartoni delle uova

Fiona Hayes

IL CASTELLO

Sommario

Strumenti essenziali

In molti casi ti serviranno questi strumenti, perciò assicurati di averli a portata di mano:

- **Colla vinilica**
- **Forbici**
- **Matita**
- **Righello**
- **Pennarelli**
- **Pennelli**

Se non diversamente specificato, i cartoni delle uova usati nei progetti sono quelli da sei, incernierati sul lato lungo.

Gallina

Una bella gallinella è il portauova perfetto! Perché non prepari un'intera fila di chiocce per rallegrare la cucina?

Occorrente

1 cartone

Tempera bianca o marrone

Cartoncino rosso e giallo

2 occhi adesivi

1

Prendi la base del cartone e taglia via una punta con un pezzo di bordo. Dipingi di bianco o marrone.

2

Piega a metà un pezzetto di cartoncino rosso e ritaglia la forma di un mezzo cuore. Ne servono due: un cuore per la cresta e uno per i bargigli.

3

Incolla la cresta e i bargigli sul corpo, come mostrato.

4

Con lo stesso metodo usato nel secondo passaggio, ritaglia un triangolo per il becco.

5

Incolla il becco e aggiungi gli occhi adesivi.

6

Prepara un'intera fila di galline usando un cartone lungo. Ci potrai tenere tutte le uova di Pasqua!

Leone burattino

Sapevi che da un cartone delle uova si può ricavare un leone? I tuoi amici ne andranno matti!

Occorrente

2 cartoni
(1 incernierato sul lato corto)

Tempera gialla

Feltro o cartoncino marrone

Cartoncino bianco

2 occhi adesivi

1

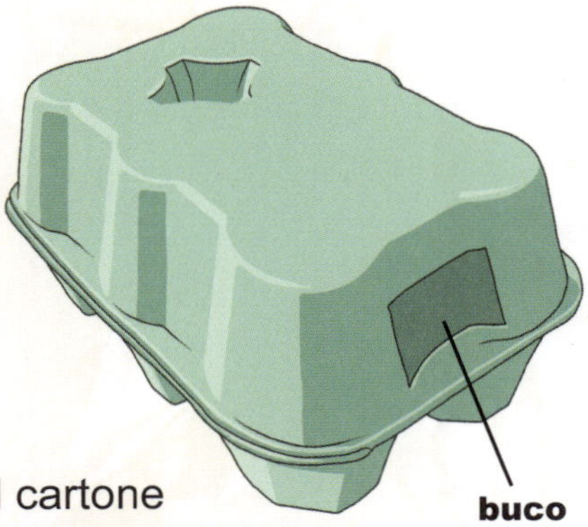

Prendi il cartone incernierato sul lato corto e ritaglia un buco sul coperchio, proprio su quel lato. Nel buco devono passarci due dita.

2

Prendi l'altro cartone e ritaglia due sagome dalla base. Ritaglia i lati per ottenere un bordo inclinato.

3

Incolla le sagome sul primo cartone per formare gli occhi. Dipingi di giallo la testa del leone.

4

Prepara una striscia di feltro o cartoncino marrone e fai tanti tagli lungo un margine per formare la criniera. Se la vuoi più folta, usa due strisce.

5

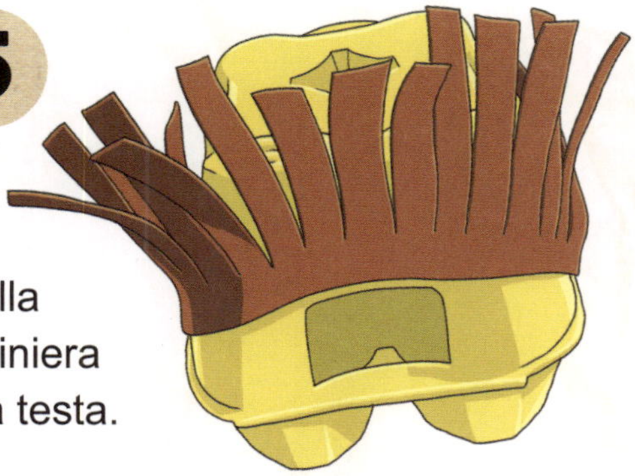

Incolla la criniera sulla testa.

6

Ritaglia due orecchie di cartoncino bianco, dipingile di giallo e incollale.

7

Aggiungi gli occhi adesivi.

8

Per far ruggire il leone, metti due dita nell'avvallamento sulla testa, due dita nel buco dietro la testa e il pollice sotto il cartone. Apri il coperchio e drizza le orecchie…

suggerimento

Se non trovi un cartone incernierato sul lato corto, usane uno normale. Basta tagliare via il coperchio e poi fissarlo sul lato corto.

Ape

Mettiti all'opera e realizza questa deliziosa apetta!

Occorrente

1 cartone
Tempera gialla, nera, azzurra e bianca
Cartoncino bianco e azzurro
2 cannucce pieghevoli gialle
2 occhi adesivi

1

Dipingi il cartone di giallo sopra e di nero sotto. Aggiungi le strisce nere sulla parte superiore.

2

Con una matita fai due buchi su un'estremità del cartone. Prendi le cannucce, taglia i segmenti con la parte pieghevole e infilali nei buchi.

3

Ritaglia due ali di cartoncino bianco, decorale dipingendo le venature e incollale. Disegna la bocca.

4

Per far risaltare gli occhi, incollali su due cerchiolini di cartoncino azzurro, poi incolla il tutto sul cartone. Bzz, bzz, la tua ape è pronta!

Riccio

Questo animaletto è così adorabile che tutti i tuoi amici ne vorranno uno!

Occorrente

8 cartoni
(1 incernierato sul lato corto)

Tempera marrone e gialla

Feltro verde

2 occhi adesivi

1 tappo di plastica

1

Ritaglia 12-15 punte dalle basi dei cartoni. Taglia i bordi in modo che siano leggermente inclinati.

2

Incolla le punte su un altro cartone, tutte dalla stessa parte. Lascia asciugare quelle sulla parte superiore prima di passare a quelle sui lati.

3

Quando la colla si è asciugata, dipingi di marrone la schiena e gli aculei e di giallo il resto.

4

Ritaglia una sagoma dalla base di un cartone e dipingila di giallo. Incollala sul davanti per fare il muso e aggiungi un tappo di plastica per il naso. Incolla due cerchiolini di feltro e su questi incolla gli occhi. Il tuo riccio è pronto a esplorare i boschi!

Cane burattino

Occorrente

2 cartoni
(1 incernierato sul lato corto)

Tempera marrone, nera e rossa

Feltro marrone e nero

2 occhi adesivi

1

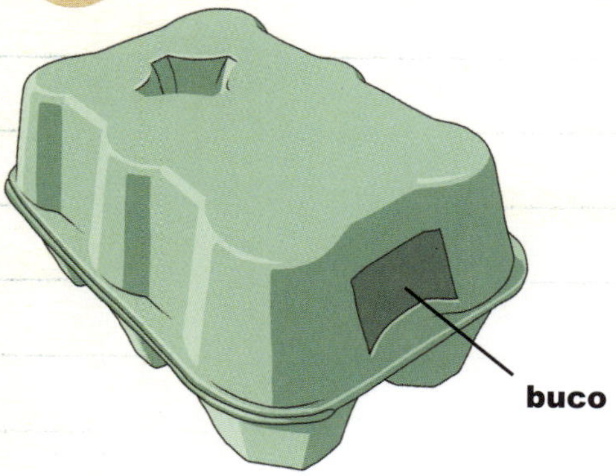

Prendi il cartone incernierato sul lato corto e ritaglia un buco sul coperchio, proprio su quel lato. Nel buco devono passarci due dita.

2

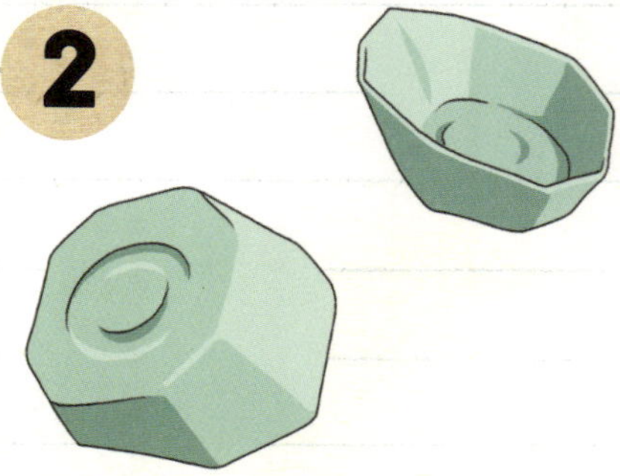

Prendi l'altro cartone e ritaglia due sagome dalla base. Ritaglia i lati per ottenere un bordo inclinato.

3

Incolla le sagome sul primo cartone per formare gli occhi.

4

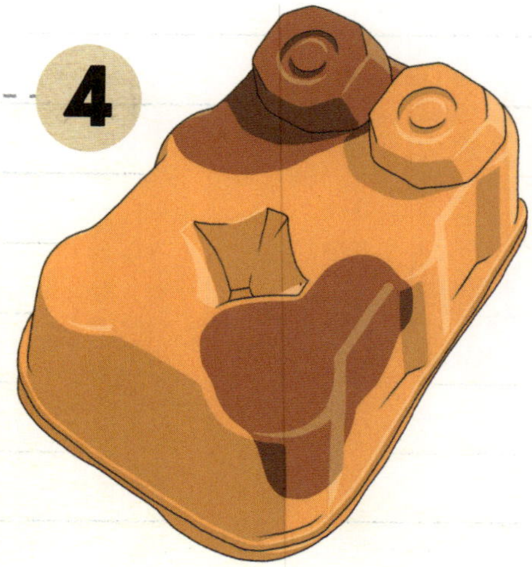

Dipingi il cane. Non dimenticare di dipingere di rosso l'interno della bocca!

5

Ritaglia due orecchie e un naso di feltro.

6

Incollali sul cartone.

7

Aggiungi gli occhi adesivi.

8

Per far abbaiare il cane, metti due dita nell'avvallamento sulla testa, due dita nel buco dietro la testa e il pollice sotto il cartone. Apri il coperchio e…

Drago

Questo drago rosso fuoco infiammerà la tua collezione di giocattoli fatti in casa!

Occorrente

3 cartoni da sei
1 cartone da dodici
Cartoncino spesso
Tempera rossa e gialla
2 occhi adesivi

1

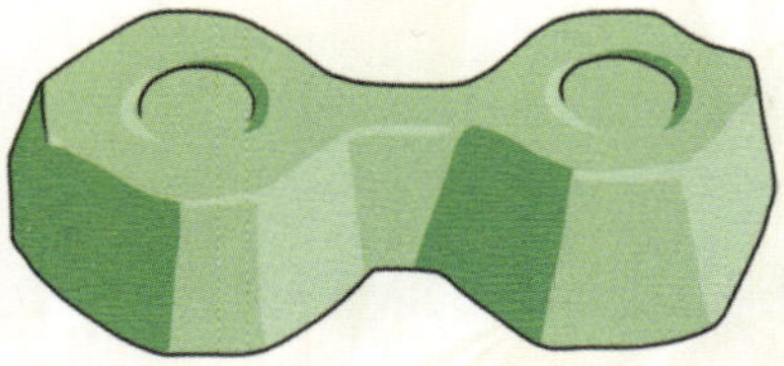

Per gli occhi, ritaglia due sagome in fila dalla base di un cartone.

2

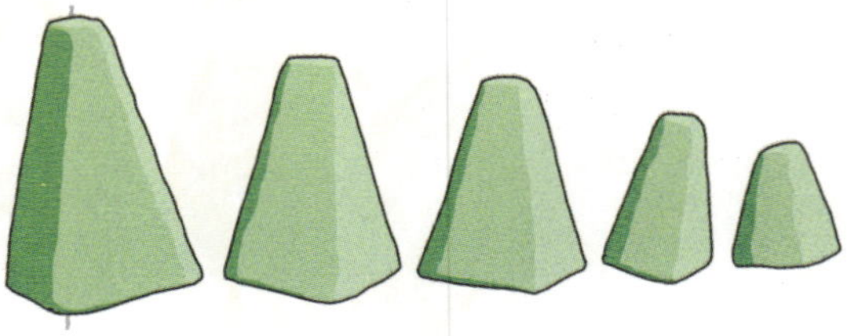

Per la coda, ritaglia sei punte dalla base di un altro cartone. Tagliale in modo che siano di dimensioni diverse.

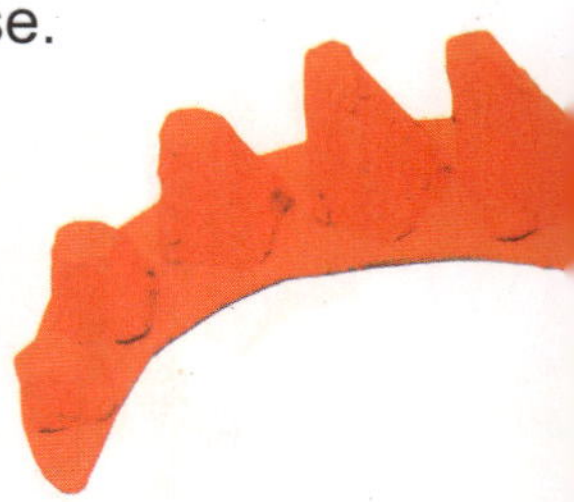

3

Allinea un cartone da sei, dritto, e un cartone da dodici, capovolto. Aggiungi le punte della coda. Poi taglia un pezzo di cartoncino lungo come il drago, dandogli una forma ricurva in corrispondenza della coda. Infine, incolla tutte le parti sul cartoncino, come mostrato.

4

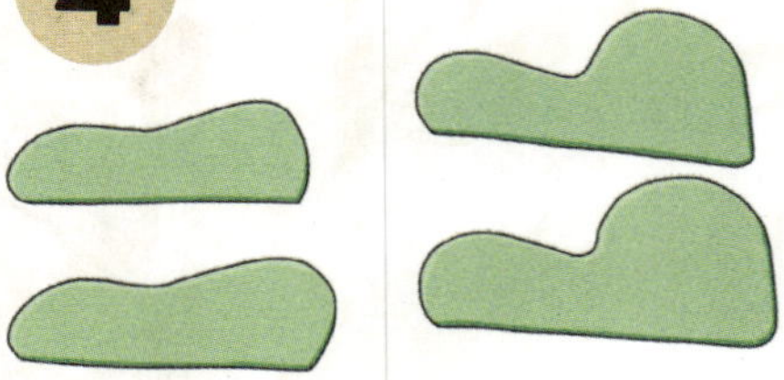

Ritaglia quattro zampe di cartoncino spesso e incollale sul corpo, come mostrato nel prossimo passaggio.

5

Dipingi e decora il drago.
Aggiungi anche gli artigli e i denti.

6

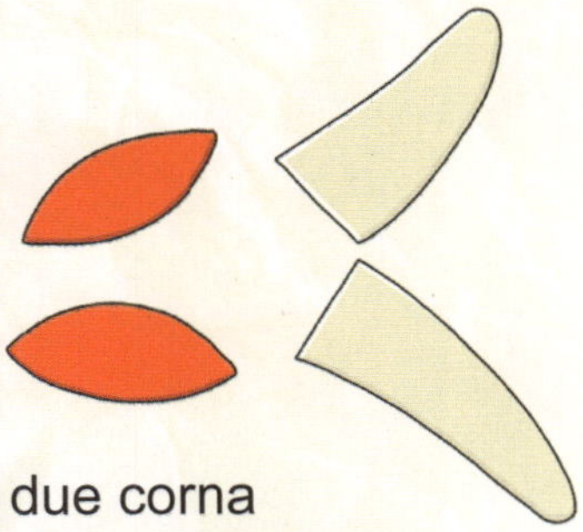

Ritaglia due corna di cartoncino spesso e dipingile di bianco. Ritaglia le orecchie e dipingile di rosso.

7

Incolla le corna e le orecchie. Aggiungi gli occhi adesivi e il tuo drago sputafuoco prenderà vita!

suggerimento
Lava sempre i pennelli dopo l'uso.

Camion ribaltabile

Occorrente

1 cartone da sei
1 cartone da dodici
Tempera
Cartoncino bianco
2 tappi di plastica

1

Taglia in due parti il cartone da sei, come mostrato. Il pezzo più grande sarà la cabina.

2

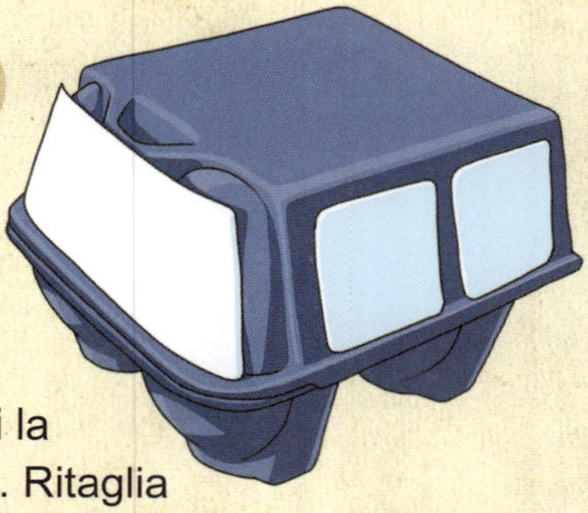

Dipingi la cabina. Ritaglia i finestrini di cartoncino bianco e disegna i passeggeri, poi incolla i finestrini sulla cabina.

3

Prendi il cartone da dodici. Taglia via il coperchio, capovolgilo e incollalo sulla base. Dipingi il cassone.

4

Taglia un pezzo di cartoncino spesso, lungo come la cabina e il cassone, e incollaci sopra i pezzi.

5

Ritaglia
otto cerchi
per le ruote
e dipingili.

suggerimento
Mentre la colla
si asciuga, tieni fermi
i pezzi con le mollette
per il bucato.

6

Incolla le ruote
sul camion.

7

Aggiungi due tappi
di plastica sulla cabina
per le luci di emergenza.
Sei pronto a partire!

Fatina

Ti piacciono le fate? Di questa ti innamorerai, di sicuro!

Occorrente

1 cartone

Tempera

Lana

Feltro o cartoncino rosa

1 pallina di polistirolo

1

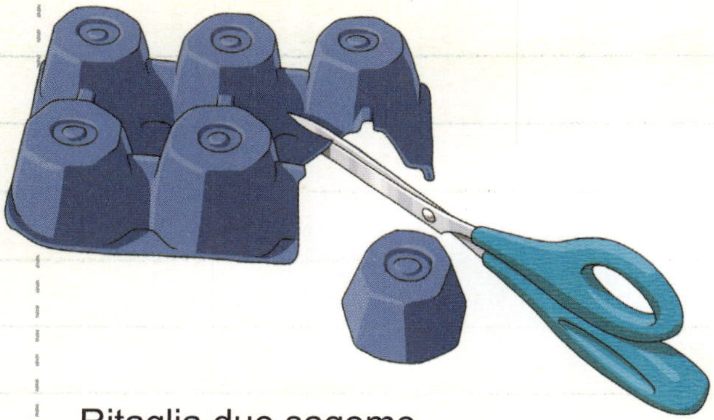

Ritaglia due sagome dalla base del cartone.

2

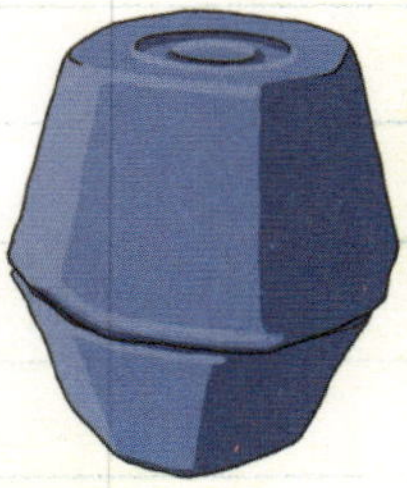

Incolla le sagome tra loro per formare un barilotto.

3

Incolla la pallina di polistirolo sul barilotto e dipingi. Per i capelli, incolla qualche filo di lana.

4

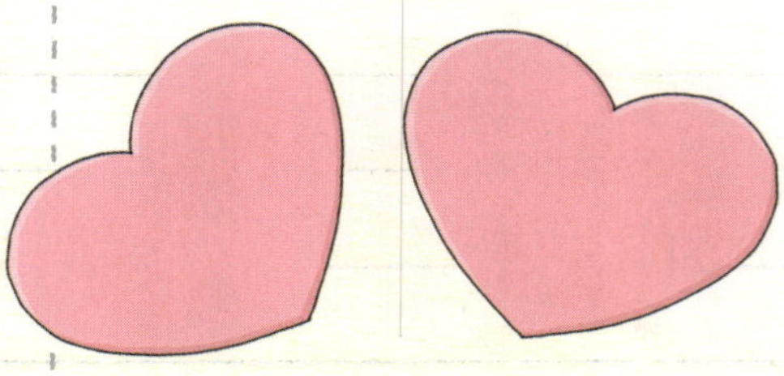

Per le ali, ritaglia due cuori di feltro o cartoncino.

5

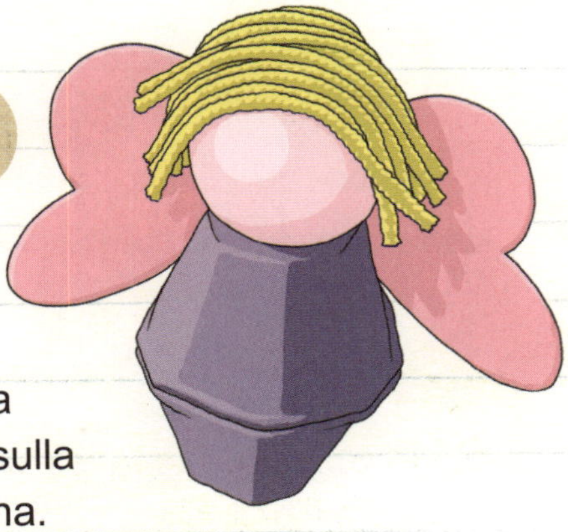

Incolla le ali sulla schiena.

6

Disegna gli occhi e un bel sorriso. La fatina ha già la bacchetta in mano per fare una magia!

Suggerimento

Realizza tante fatine per avere a disposizione un intero regno della magia!

Camion dei pompieri

Spegni gli incendi con questo favoloso camion dei pompieri. Se vuoi un'intera squadra di vigili del fuoco, costruiscine due!

Occorrente

2 cartoni

Cartoncino spesso

Tempera rossa, bianca, azzurra e gialla

2 tappi del dentifricio

3 cannucce

Cartoncino ondulato argentato

1

Taglia un cartone in due parti, come mostrato. Il pezzo più grande sarà la cabina.

2

Incolla la cabina e l'altro cartone su un pezzo di cartoncino spesso.

3

Dipingi il retro di rosso e la cabina di bianco. Quando la tempera si è asciugata, aggiungi i finestrini azzurri.

4

Ritaglia sei cerchi di cartoncino spesso per le ruote. Dipingili e incollali. Incolla due tappi del dentifricio sulla cabina.

5

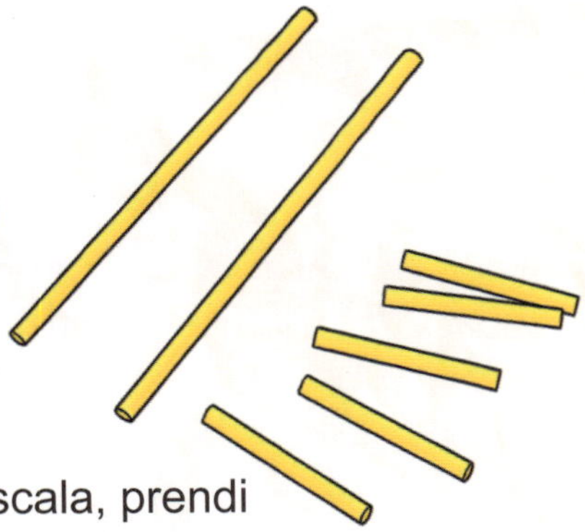

Per la scala, prendi le cannucce e taglia due pezzi lunghi e cinque pezzi corti.

6

Incolla la scala sul camion.

7

Con il cartoncino spesso prepara un cartello di pericolo da attaccare sul davanti del camion.

8

Incolla un pezzo di cartoncino ondulato argentato sul fianco del camion. I pompieri sono pronti a entrare in azione!

Rana salterina

È tutta verde, è super carina e fa dei salti incredibili. È la rana salterina!

Occorrente

2 cartoni

Tempera verde scuro, verde chiaro, gialla e rossa

2 occhi adesivi

1

Ritaglia due sagome dalla base di un cartone per creare gli occhi della rana.

2

Prendi il secondo cartone e taglialo in due, come mostrato. Il pezzo più grande sarà il corpo.

3

Taglia le zampe della rana dal coperchio del pezzo più piccolo.

4

Incolla gli occhi e le zampe.

5

Dipingi la rana di verde scuro, con la pancia verde chiaro.

Suggerimento
Prima di aggiungere le macchioline, aspetta che la tempera sia asciutta.

6

Aggiungi le macchioline gialle e la bocca rossa. Incolla gli occhi adesivi e… la rana è pronta a saltare!

CRA
CRA

Ippopotamo

Occorrente

3 cartoni

Tempera rosa, bianca e arancione

Cartoncino spesso

2 occhi adesivi

1

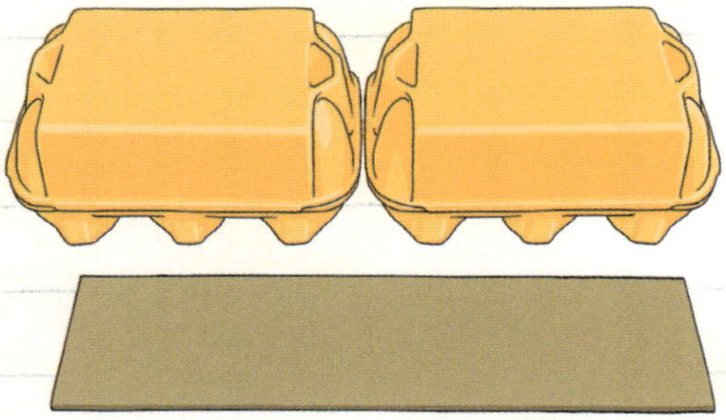

Incolla due cartoni su un pezzo di cartoncino spesso.

2

Ritaglia sei sagome dalla base di un altro cartone.

3

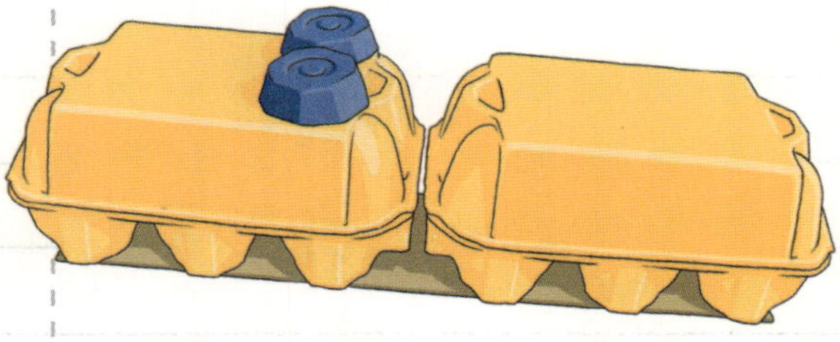

Incolla due sagome sulla testa per fare gli occhi.

4

Per le zampe, incolla le altre quattro sagome sulla base. Dipingi di rosa.

5

Aggiungi le macchioline, le unghie e gli occhi adesivi. Dipingi l'interno della bocca di arancione e i denti di bianco. Ritaglia due zanne di cartoncino spesso e incollale sul davanti della bocca.

Tartaruga

Occorrente

2 cartoni
Tempera verde e gialla
Cartoncino bianco
2 occhi adesivi

1

Ritaglia quattro sagome dalla base di un cartone.

2

Incolla due sagome sull'altro cartone, capovolto.

3

Dipingi di giallo le altre due sagome, poi tagliale a metà per formare le zampe.

4

Incolla le zampe.

5

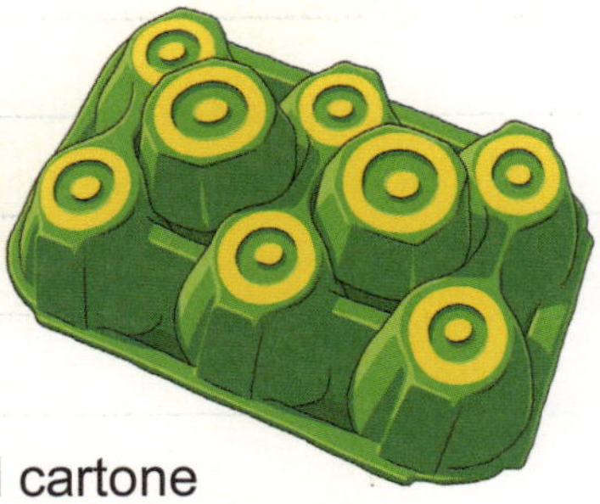

Dipingi il cartone di verde e aggiungi macchioline e cerchi gialli, per fare il guscio.

6

Ritaglia un cerchio di cartoncino e dipingilo di giallo. Incollalo sul davanti del guscio e aggiungi gli occhi adesivi e il sorriso per completare la tua piccola amica.

Albero di Natale

È arrivato il Natale! Riempi la casa di allegria con questo bellissimo alberello.

Occorrente

3 cartoni

Tempera verde, rossa e gialla

Cartoncino spesso

Cartoncino argentato

Nastro

1

Disegna un grande triangolo su un pezzo di cartoncino spesso. Aggiungi un vaso sotto e ritaglia.

2

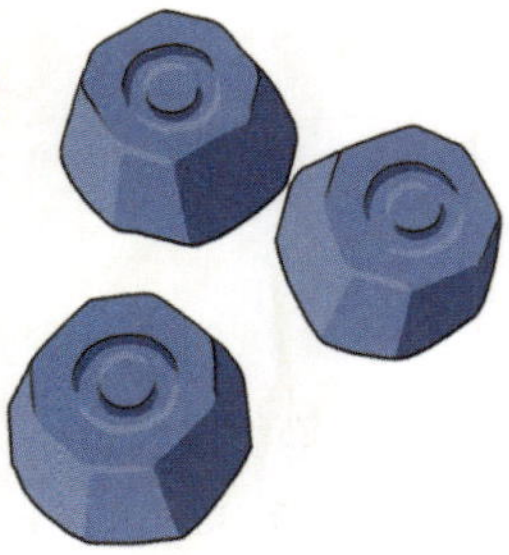

Ritaglia 15 sagome circa dalle basi dei cartoni.

3

Incolla le prime sagome sulla punta dell'albero, accostandole bene.

4

Riempi l'albero con le sagome, ma lascia vuota la parte del vaso. Fai asciugare.

5

Dipingi l'albero di verde e il vaso di rosso.

6

Ritaglia tanti cerchiolini di cartoncino argentato per suggerire le palline e incollale sull'albero.

7

Ritaglia una stella di cartoncino spesso e dipingila di giallo.

8

Incolla la stella sulla punta dell'albero. Fissa un pezzo di nastro sul retro dell'albero per appenderlo a Natale.

suggerimento

L'albero può essere grande quanto vuoi: basta che ti procuri tanti cartoni delle uova!

Pupazzo di neve

Brrrr! Se fuori fa freddo, resta in casa e costruisci un pupazzo di neve che non si scioglierà mai!

Occorrente

1 cartone

Tempera bianca e nera

Feltro rosso

Cartoncino spesso arancione

1

Ritaglia quattro sagome dalla base del cartone.

2

Incolla due sagome tra loro per formare un barilotto.

3

Incolla un'altra sagoma per fare la testa.

4

Ritaglia un cerchio dal coperchio del cartone e incollaci sopra l'ultima sagoma per fare il cappello.

5

Dipingi il corpo di bianco e il cappello di nero.

6

Incolla il cappello. Avvolgi una strisciolina di feltro intorno al collo per fare la sciarpa.

7

Aggiungi un triangolino arancione per la carota del naso. Aggiungi i puntini per gli occhi e il sorriso. Il tuo super pupazzo è pronto!

BRRRR

suggerimento
Per disegnare un cerchio, usa il coperchio di un barattolo.

Funghi

Occorrente

2 cartoni

Tempera bianca e rossa

1

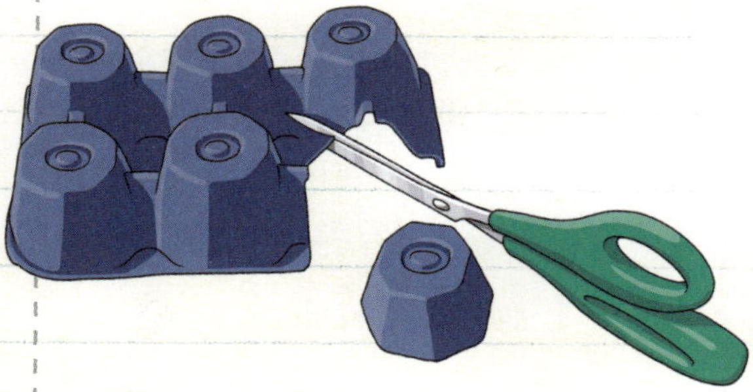

Ritaglia le sagome dalla base di un cartone delle uova.

2

Ritaglia le punte dalla base del secondo cartone.

3

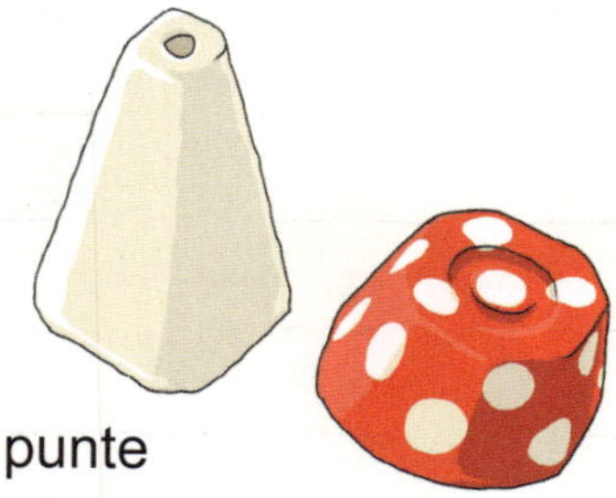

Dipingi le punte di bianco e le sagome di rosso a macchie bianche.

4

Incolla le sagome sulle punte. Sistema i funghi per creare un bel paesaggio nel bosco.

Pecora

Costruisci una sola pecora o un intero gregge!

Occorrente

- 3 cartoni
- Tempera bianca e nera
- Cartoncino spesso
- Feltro o cartoncino rosa
- 2 occhi adesivi

1

Ritaglia quattro sagome dalla base di un cartone. Fai delle tacche a forma di V sui bordi.

2

Capovolgi un altro cartone e incolla le sagome sui lati. Dipingi di bianco.

3

Per le zampe, ritaglia quattro sagome dalla base del terzo cartone e dipingile di nero.

4

Ritaglia una testa di cartoncino spesso e dipingila di nero.

5

Incolla la testa e le zampe. Aggiungi il naso rosa, gli occhi adesivi e un bel sorriso per completare la pecorella.

BEE

Maschera da uccello

Occorrente

1 cartone
Tempera marrone e gialla
Feltro bianco
Elastico

1

Prendi la base del cartone e taglia via la parte finale.

2

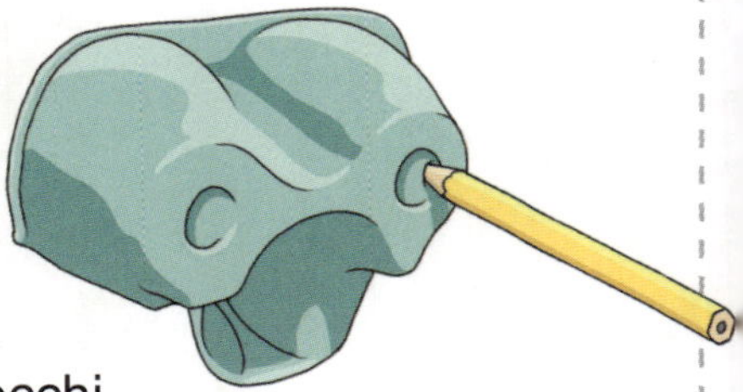

Per gli occhi, fai due buchi con la punta di una matita, come mostrato, e rifinisci i bordi.

3

Gira il cartone e fai un taglio per il becco. Dipingi la testa di marrone e il becco di giallo.

4

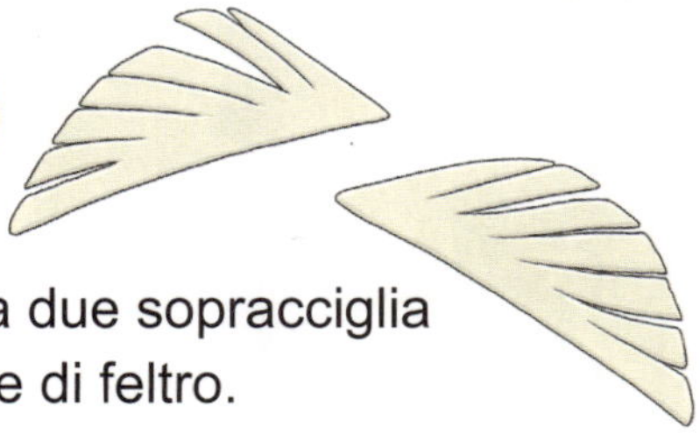

Ritaglia due sopracciglia piumate di feltro.

5

Incolla le sopracciglia.

6

Con la matita fai due buchini ai lati del becco e infilaci un pezzo di elastico. Fai un nodo su ciascun capo dell'elastico per fermarlo e indossa la maschera!

Braccialetto

Questo splendido braccialetto può diventare un accessorio per te o un regalo per un'amica.

Occorrente

1 cartone
Tempera rosa
Carta velina gialla
Nastro

1 Ritaglia tre sagome dalla base del cartone.

2 Dipingi le sagome, poi fai tanti tagli lungo i bordi.

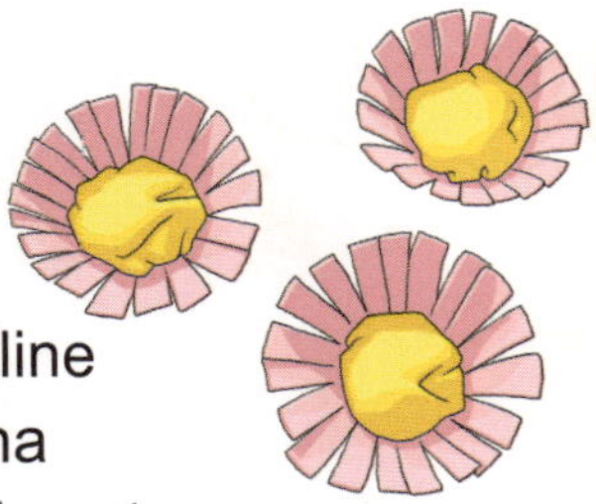

3 Fai delle palline di carta velina e incollale al centro delle sagome.

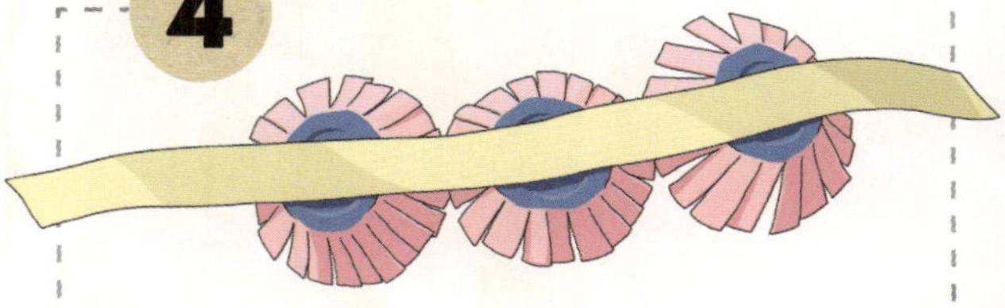

4 Taglia un pezzo di nastro abbastanza lungo per annodarlo al polso e incollalo sul retro dei fiori.

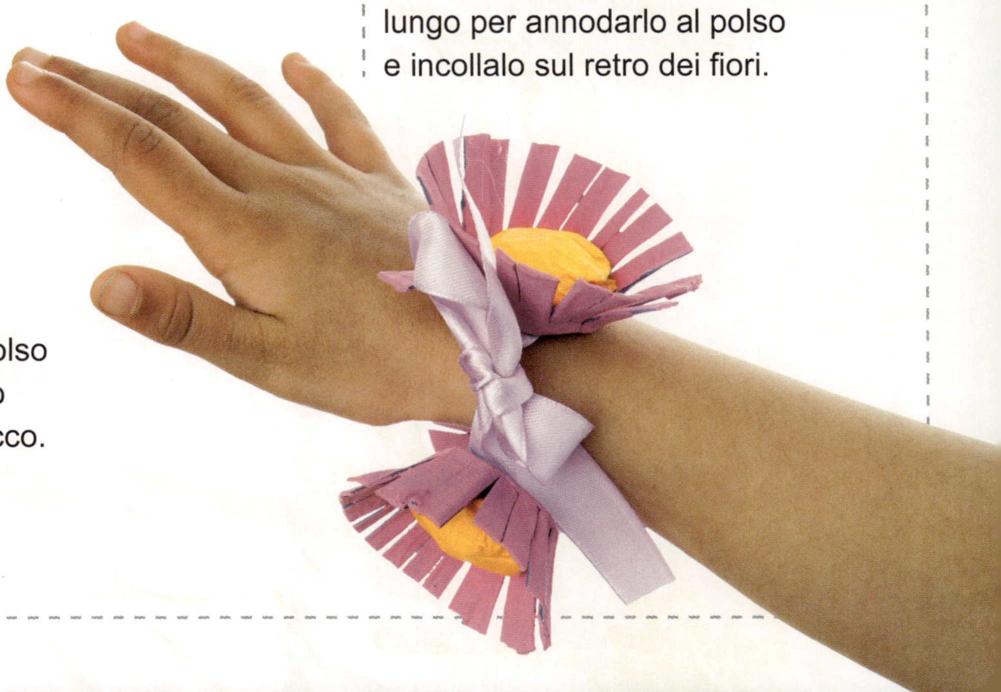

5 Il braccialetto è pronto: annodalo al polso completandolo con un bel fiocco.

Piovra

Trasforma la tua cameretta in un regno sottomarino realizzando questa simpatica piovra colorata.

Occorrente

6 cartoni
Tempera
Cartoncino spesso
2 occhi adesivi

1

Ritaglia due sagome dalla base di un cartone.

2

Incolla le sagome su un altro cartone per fare gli occhi.

3

Ritaglia i dischi dalla base di un altro cartone per creare le ventose.

4

Ritaglia otto tentacoli di cartoncino spesso e incollaci sopra le ventose.

5

Dipingi il corpo di un colore vivace e aggiungi le macchioline di un colore a contrasto.

6

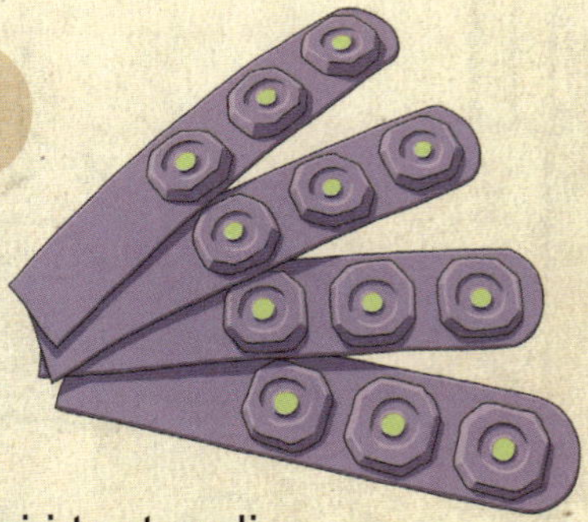

Dipingi i tentacoli come il corpo.

7

Apri il corpo e incolla i tentacoli all'interno, poi richiudilo.

8

Completa con gli occhi adesivi. Attenti, arriva la piovra!

Suggerimento
Prima di dipingere il modello, prova diversi colori su un foglio di carta.

Gufo saggio

Uh-uh! Uh-uh! È calato il buio e il gufo si è svegliato. Starà con te tutta la notte per proteggerti.

Occorrente

2 cartoni

Cartoncino spesso

Tempera gialla e di altri colori

2 occhi adesivi

1

Prendi un cartone e taglia via la parte finale.

2

Ritaglia due sagome dalla base del secondo cartone.

3

Incolla le sagome sul davanti del primo cartone per creare gli occhi.

4

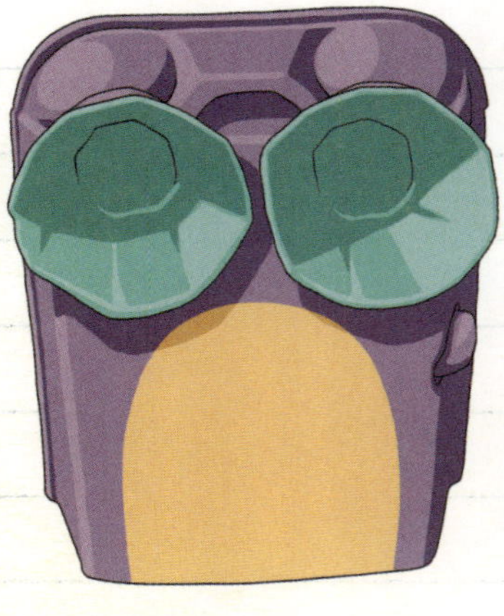

Dipingi il gufo. Per gli occhi scegli un colore a contrasto, in modo da farli risaltare.

5

Ritaglia due ali di cartoncino spesso e dipingile come il corpo.

6

Incolla le ali e gli occhi adesivi.

7

Ritaglia un triangolo di cartoncino e dipingilo di giallo per fare il becco. Piegalo a metà e incollalo. Il tuo gufo è pronto a spiccare il volo!

UH UH

Collana

Occorrente

2 cartoni	Nastro
Tempera	1 cannuccia pieghevole
Cartoncino	

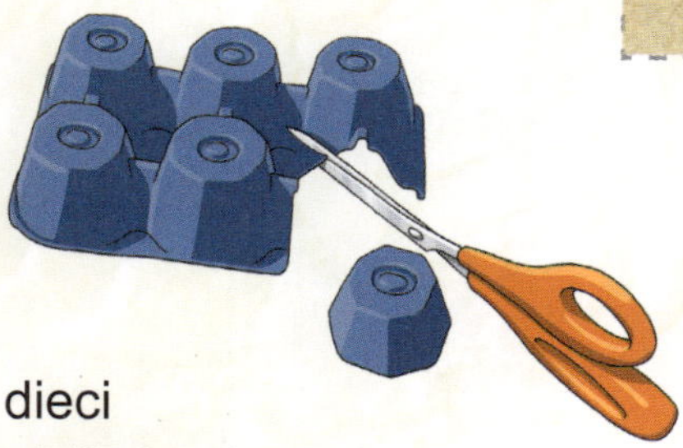

1

Ritaglia dieci sagome dalle basi dei due cartoni.

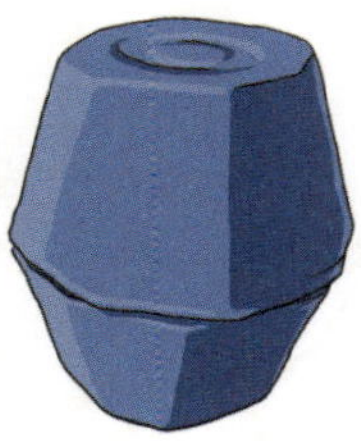

2

Incolla le sagome a due a due per formare le perle.

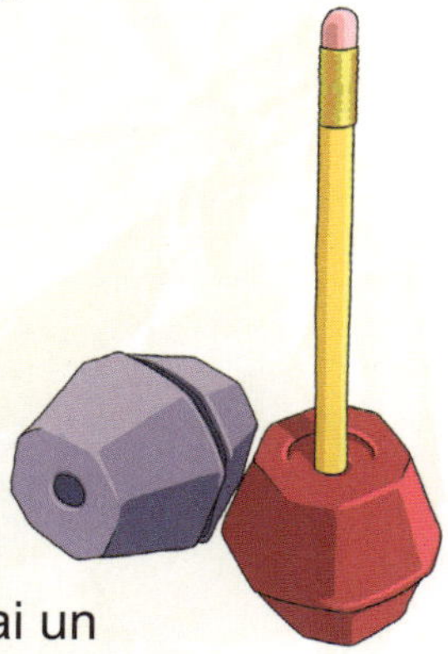

3

Dipingi le perle.
Con una matita fai un buco sulle due estremità di ognuna.

4

Incolla una strisciolina di cartoncino intorno a ogni perla, per nascondere la giuntura.

5

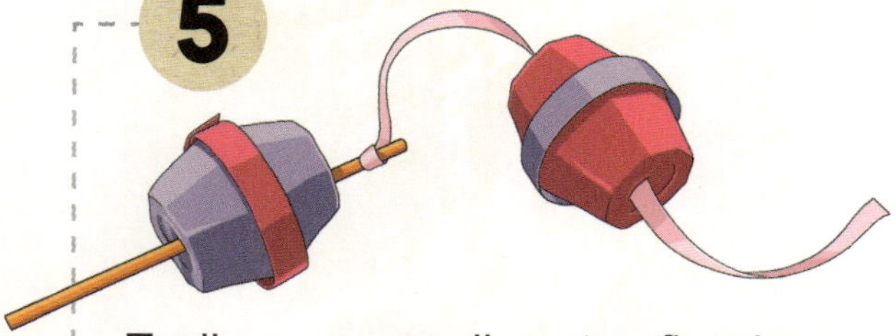

Taglia un pezzo di nastro, fissalo su una cannuccia e fallo passare nelle perle.

6

Annoda i capi del nastro e la collana è pronta da indossare!

Coniglio

Occorrente

2 cartoni
Cartoncino
Tempera
Feltro rosa e viola
2 occhi adesivi

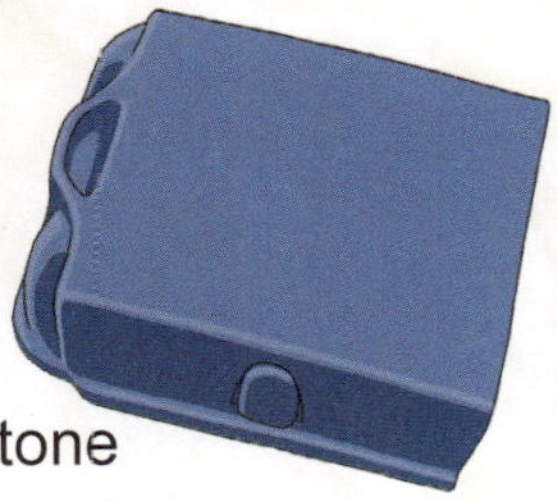

1

Prendi un cartone e taglia via la parte finale.

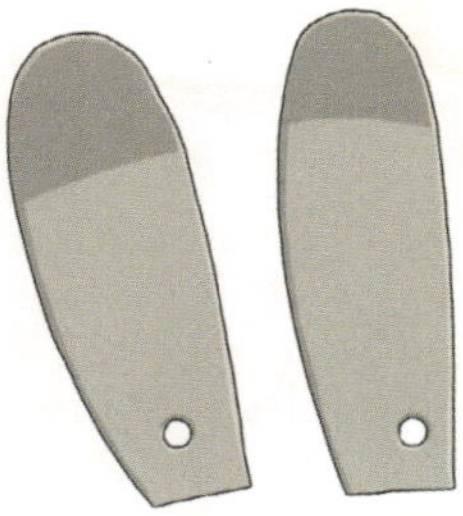

2

Ritaglia due lunghe orecchie di cartoncino.

3

Incolla le orecchie sul cartone.

4

Taglia due angoli dal coperchio del secondo cartone per fare le zampe.

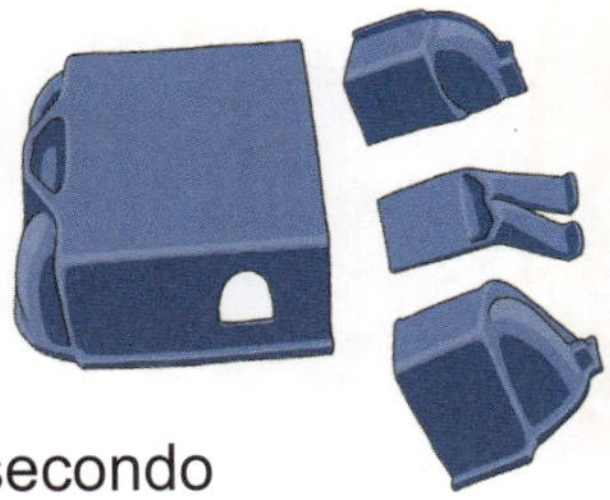

5

Incolla le zampe. Dipingi il coniglio.

6

Crea il naso con un pezzettino di feltro e incollalo. Ritaglia due cerchiolini di feltro, incollaci sopra gli occhi adesivi e fissali sul coniglio.

Farfalla

Occorrente

1 foglio di carta
2 cartoni
Tempera
Cartoncino spesso
2 occhi adesivi
2 cannucce pieghevoli
Nastro

1

Piega il foglio a metà e ritaglia la forma di un cuore senza punta, come mostrato.

2

Apri il foglio. Ricalca il contorno sul cartoncino spesso e ritaglia.

3

Ritaglia tre sagome in fila dalla base di un cartone delle uova.

4

Ritaglia i dischi di alcune altre sagome per decorare le ali.

5

Dipingi tutti i pezzi e incollali come mostrato.

6

Prendi le cannucce, taglia i segmenti con la parte pieghevole e incollali dietro la testa. Aggiungi gli occhi adesivi. Incolla un pezzo di nastro dietro la farfalla per appenderla.

Bruco portamatite

Occorrente

2 cartoni

Tempera verde e di altri colori

Cartoncino spesso

Feltro

2 cannucce pieghevoli

2 occhi adesivi

1

Ritaglia le sagome dalle basi dei cartoni.

2

Incolla le sagome a due a due per formare sei barilotti.

3

Dipingili di colori vivaci. Taglia una striscia di cartoncino spesso, dipingila di verde e poi incollaci sopra i barilotti.

4

Con una matita fai un buco su cinque dei sei barilotti, saltando il primo.

5

Fai due buchini sul primo barilotto e infilaci due pezzi di cannuccia. Ritaglia due cerchiolini di feltro, incollaci sopra gli occhi adesivi e fissali sul barilotto. Aggiungi il sorriso e il portamatite è pronto!

Festone fiorito

Occorrente

4 o più cartoni
Tempera
Spago

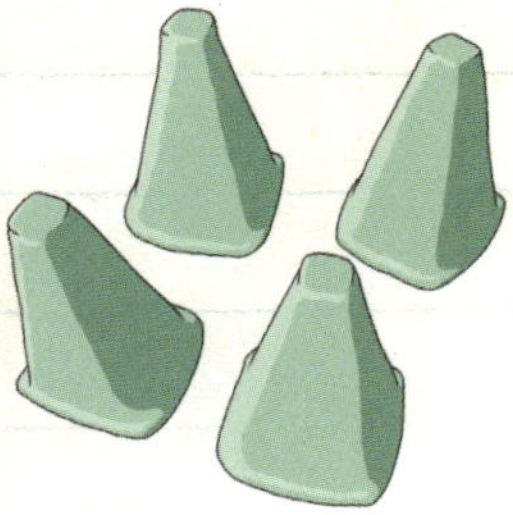

1

Ritaglia le punte dalla base di un cartone delle uova.

2

Fai un taglio sui quattro angoli di ogni punta e piega in fuori i lati.

3

Ritaglia i lati a forma di petalo, dipingi e lascia asciugare. Poi incolla una punta sull'altra per creare un fiore. Ripeti i punti 1-3 per realizzare tutti i fiori che vuoi.

4

Fai un buchino al centro di un fiore e infilaci un pezzo di spago.

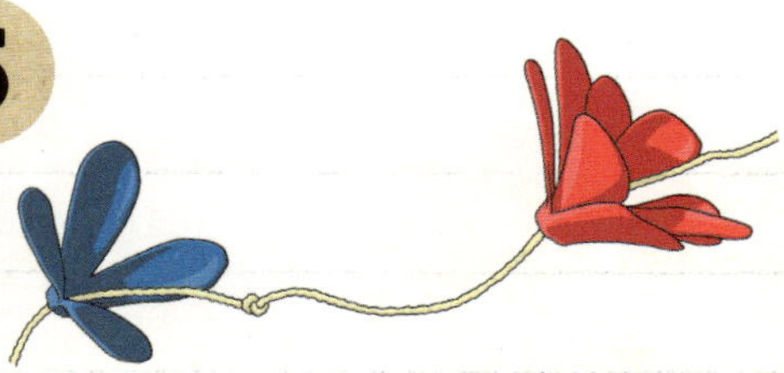

5

Fai un nodo sullo spago, come mostrato, poi infila un altro fiore.

6

Ripeti il passaggio precedente fino a infilare tutti i fiori e concludi con un nodo sotto l'ultimo fiore. Decora la tua cameretta con questo bellissimo festone.

Chiocciole

Queste chiocciole sono troppo carine: saranno l'invidia di tutti i tuoi amici!

Occorrente

1 cartone
Cartoncino spesso
Tempera
1 elastico
2 cannucce pieghevoli
4 occhi adesivi

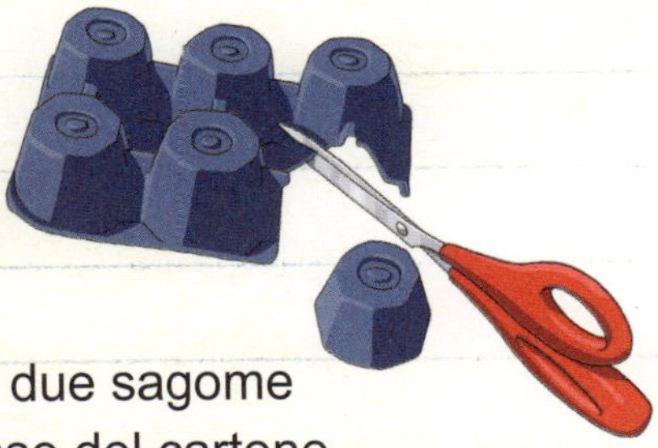

1

Ritaglia due sagome dalla base del cartone, per fare il guscio.

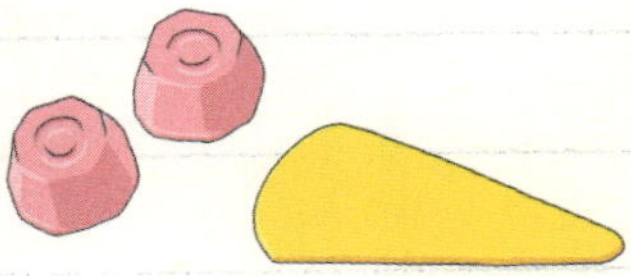

2

Ritaglia un triangolo di cartoncino spesso, dalla forma allungata, per fare il corpo. Dipingi il corpo e i due pezzi del guscio.

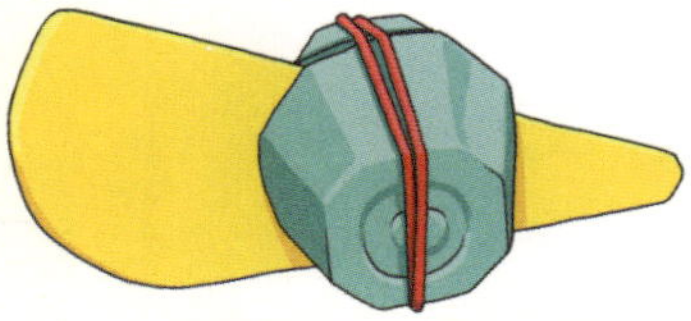

3

Incolla i pezzi del guscio ai lati del corpo e tienili fermi con un elastico finché la colla non si è asciugata.

4

Taglia il segmento di cannuccia con la parte pieghevole. Con una matita fai un buco nel corpo, infilaci la cannuccia e piegala in su.

5

Ripeti i punti 1-4 per creare un'altra chiocciola. Decora i gusci dipingendo strisce o macchioline, aggiungi gli occhi adesivi e il sorriso. Se vuoi, costruisci tante chiocciole e mettile tutte in fila!

Ghirlanda di fiori

Niente è meglio di una ghirlanda come questa per rischiarare un giorno di pioggia e aggiungere un tocco primaverile alla casa.

Occorrente

3 o più cartoni

Tempera verde e di altri colori

Cartoncino spesso

Carta velina

Nastro

1

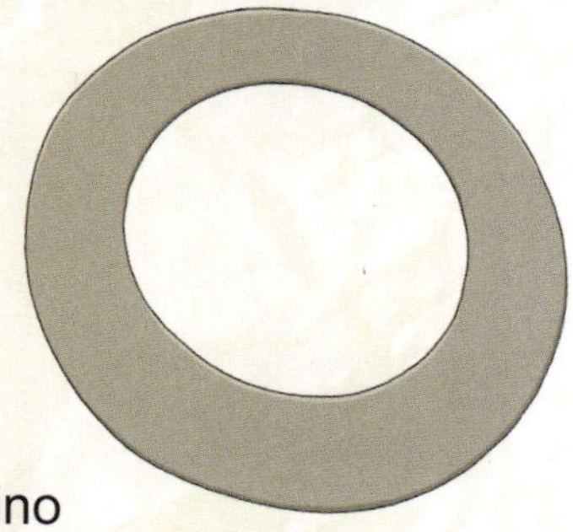

Sul cartoncino spesso disegna un cerchio grande con dentro un cerchio più piccolo. Ritaglia il cerchio grande, poi fai un buco con la matita nella parte centrale e tagliala via con le forbici. Dipingi di verde l'anello così ottenuto.

2

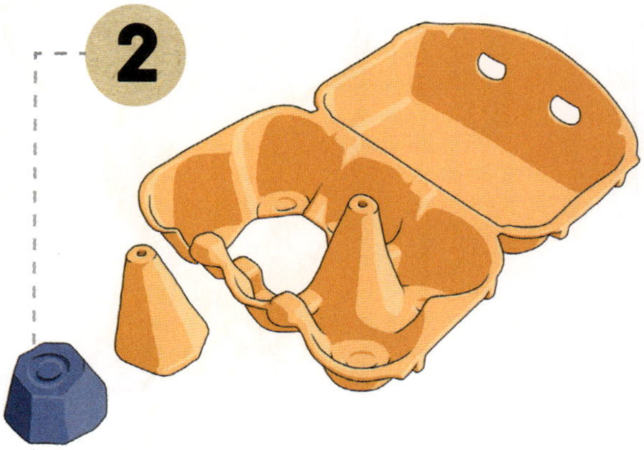

Ritaglia le sagome e le punte dalle basi dei cartoni.

3

Fai un taglio sui quattro angoli di ogni punta e piega in fuori i lati.

4

Ritaglia i lati a forma di petalo, dipingi e lascia asciugare. Poi incolla una punta sull'altra.

5

Per creare altri tipi di fiori, fai tanti tagli lungo i lati delle sagome, vicini o distanziati, e piegali in fuori. Dipingi i fiori di tanti colori diversi.

6

Ritaglia alcune foglie di cartoncino spesso e dipingile di verde. Quando fiori e foglie si sono asciugati, incollali sull'anello.

7

Fai delle palline di carta velina e incollale al centro dei fiori. Incolla un pezzo di nastro dietro la ghirlanda e cerca il posto ideale per appenderla in casa: perché non provi sulla porta della tua cameretta?

Maschera da volpe

Trasformati nell'animale più astuto del bosco!

Occorrente

1 cartone

Tempera arancione, bianca, nera e rosa

Cartoncino

Elastico

1

Prendi la base del cartone e taglia via la parte finale.

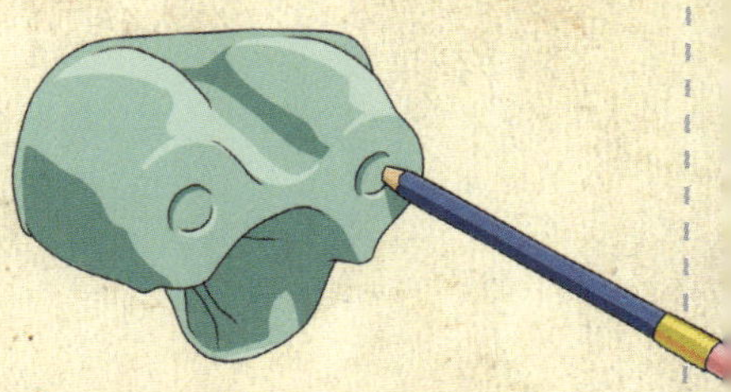

2

Per gli occhi, fai due buchi con la punta di una matita, come mostrato, e rifinisci i bordi.

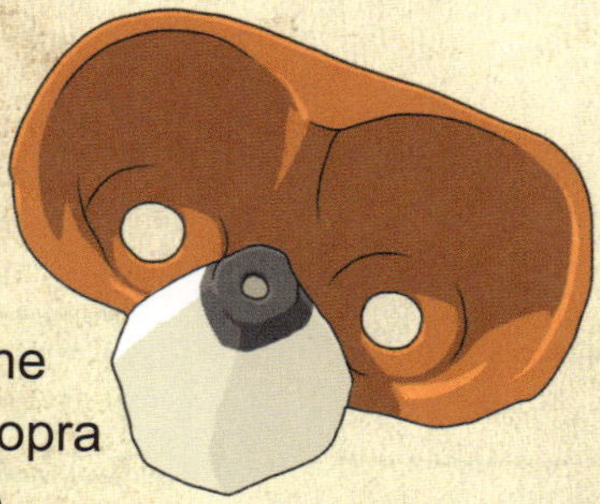

3

Gira il cartone e dipingilo sopra di arancione e sotto di bianco. Aggiungi il naso nero.

4

Ritaglia due orecchie di cartoncino e dipingile come mostrato, poi incollale.

5

Con la matita fai due buchini ai lati del naso e infilaci un pezzo di elastico. Fai un nodo su ciascun capo dell'elastico per fermarlo e indossa la maschera!

Nasi buffi

Occorrente

1 cartone

Tempera gialla, rosa, grigia e nera

Cartoncino nero

Elastico

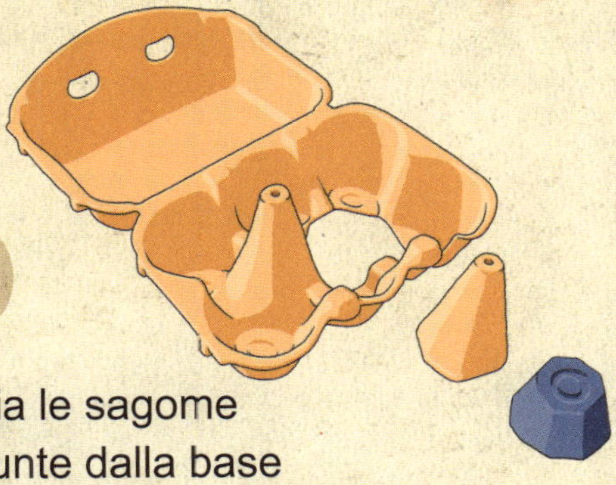

1

Ritaglia le sagome e le punte dalla base del cartone.

2

Usa una punta per creare un becco. Taglialo per aprirlo e dipingilo di giallo.

3

Con una sagoma puoi creare il naso di un maialino: dipingilo di rosa e aggiungi le narici. Con l'altra punta puoi fare il muso di un topo: dipingila di grigio con la punta nera e aggiungi striscioline di cartoncino nero per i baffi.

4

Con la matita fai due buchini ai lati di ogni naso e infilaci un pezzo di elastico. Fai un nodo su ciascun capo dell'elastico per fermarlo. I nasi sono pronti, qual è il tuo preferito?

Pinguini

Ecco una decorazione adorabile da mettere in bagno!

Occorrente

3 cartoni

Tempera bianca, nera e azzurro chiaro

Cartoncino giallo

6 occhi adesivi

1

Taglia tre punte dalla base di un cartone.

2

Dipingi la pancia di bianco.

3

Dipingi il resto del corpo di nero.

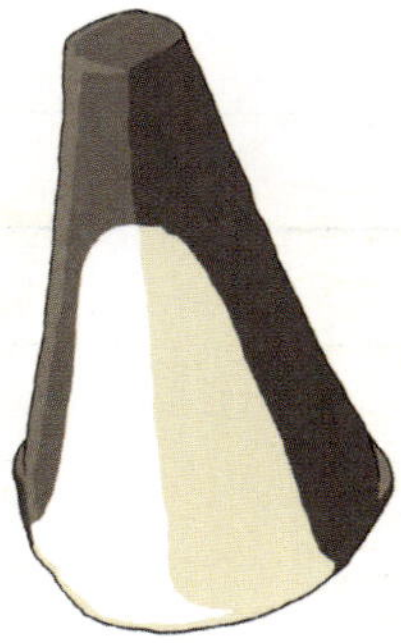

4

Per il becco, piega a metà il cartoncino giallo, ritaglia un triangolo e incollalo.

5

Dipingi la base di un cartone per farla assomigliare al ghiaccio e mettici sopra i pinguini!

Maialino

Occorrente

2 cartoni

Cartoncino

Tempera rosa chiaro, rosa scuro e azzurra

2 occhi adesivi

1

Prendi un cartone e taglia via la parte finale, per fare il corpo.

2

Prendi l'altro cartone e ritaglia dalla base una sagoma e due punte.

3

Incolla la sagoma sul davanti del corpo, per il naso. Incolla le due punte ai lati, per le zampe. Ritaglia due triangoli di cartoncino per le orecchie e incollale sulla testa.

4

Dipingi di rosa il maialino e di rosa scuro il naso e gli zoccoli.

5

Taglia una striscia di cartoncino, dipingila di rosa chiaro e avvolgila intorno a una matita per fare la coda a cavatappi.

6

Incolla la coda.
Ritaglia due cerchiolini di cartoncino, dipingili di azzurro e incollaci sopra gli occhi adesivi, poi fissa il tutto sul maialino.

OINK
OINK

Robot

In guardia, i robot stanno arrivando! E se ne costruisci tanti, comanderai un intero esercito!

Occorrente

4 cartoni

Tempera blu, bianca e di altri colori

Cartoncino bianco

2 occhi adesivi

1

Dipingi un cartone di blu e aggiungi il bianco per riprodurre l'effetto del metallo. Questo sarà il corpo.

2

Ritaglia quattro punte dalle basi di due cartoni e dipingile di colori diversi.

3

Taglia a metà un altro cartone e dipingilo di azzurro per fare la testa. Incolla la testa sul corpo.

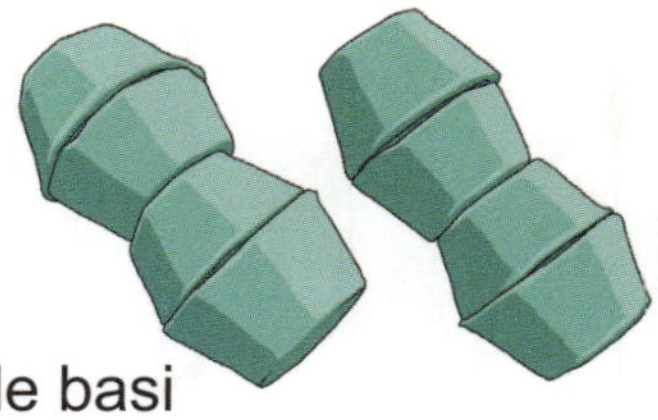

4

Ritaglia le sagome dalle basi dei due cartoni di prima. Prendine otto e incollale a due a due per formare quattro barilotti. Incolla i barilotti a due a due per comporre le braccia. Metti da parte le sagome rimaste.

5

Incolla una punta in cima a ogni braccio.

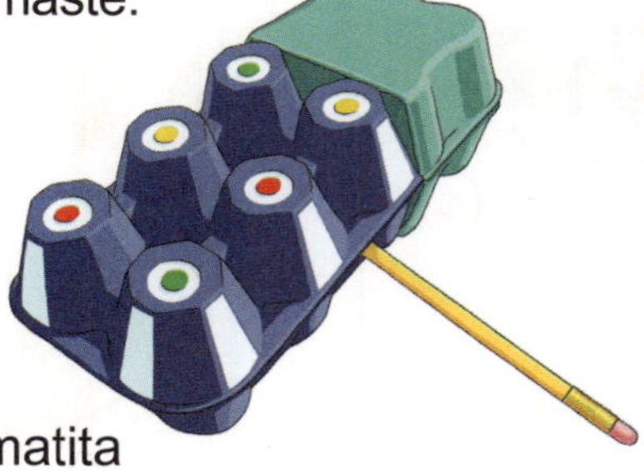

6

Con una matita fai due buchi ai lati del corpo, per le braccia, e due buchi sotto il corpo, per le gambe.

7

Incolla le braccia e le gambe.

8

Incolla sulla testa due delle sagome rimaste e aggiungi gli occhi adesivi. Taglia una striscia di cartoncino per la bocca e incollala.

9

Prendi il coperchio di un cartone, taglia via le due estremità e dipingile, poi incollale sotto le gambe.

Suggerimento

Prima di muovere il robot, aspetta che la colla si sia asciugata completamente.

Razzo

5, 4, 3, 2, 1... Preparati al decollo con questo razzo ultra moderno.

Occorrente

3 cartoni

Tempera rossa, blu e di altri colori

1

Ritaglia due punte dalla base di un cartone e dipingile di rosso. Prendi un altro cartone e dipingilo di blu.

2

Con una matita fai due buchi su uno dei lati corti del cartone. Inserisci le punte e incollale.

3

Taglia via lo spigolo di un altro cartone per formare un triangolo.

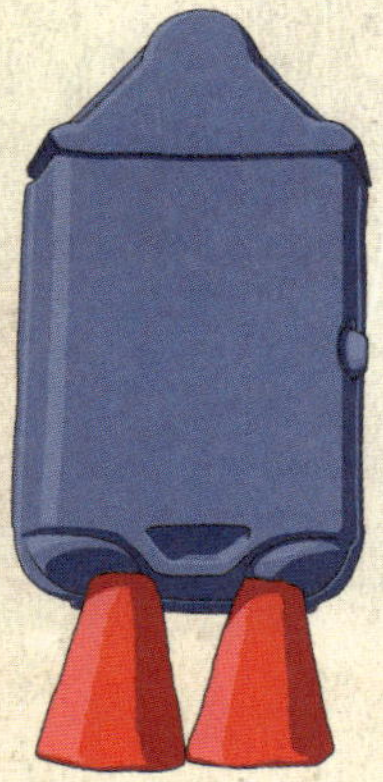

4

Incolla il triangolo sul cartone e dipingilo di blu. Aggiungi i dettagli, finestrini compresi, e il tuo fantastico razzo è pronto a partire!

Ragno

Occorrente

1 cartone
Tempera nera e rosa
Cartoncino
2 occhi adesivi

1

Dipingi di nero
la base del cartone.

2

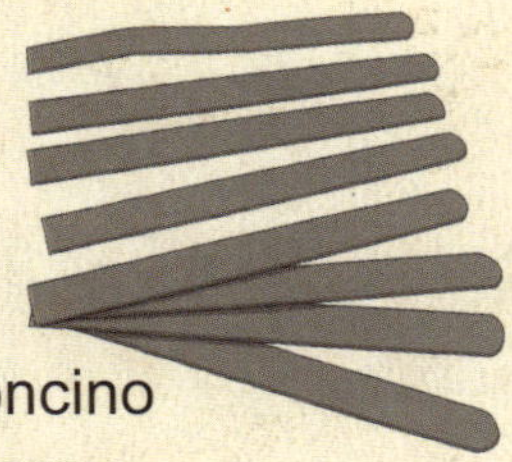

Ritaglia otto
zampe di cartoncino
e dipingile di nero.

3

Piega le zampe a forma di Z.

4

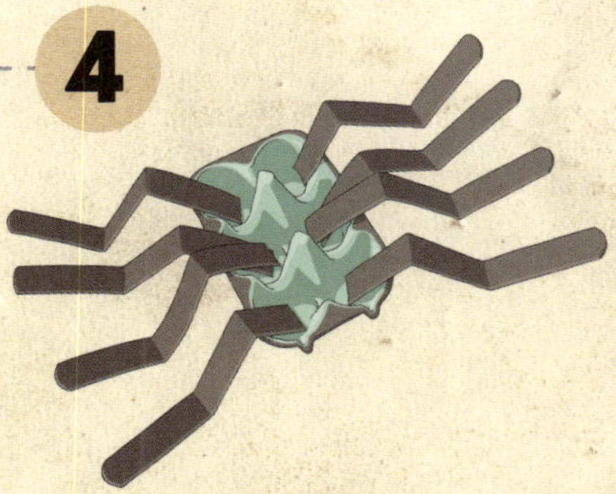

Incolla le zampe
sotto il corpo.

5

Dipingi qualche macchiolina rosa. Ritaglia due cerchiolini di cartoncino, dipingili di rosa e incollaci sopra gli occhi adesivi, poi incollali sul ragno. E adesso cerca qualcuno da spaventare!

Serpente

Sssssssssssssssssssssss! Questo serpente a pois è così bello che vorrai costruirne ssssssubito un altro!

Occorrente

4 o più cartoni
Tempera
Spago
1 cannuccia
Cartoncino rosso
2 occhi adesivi

1

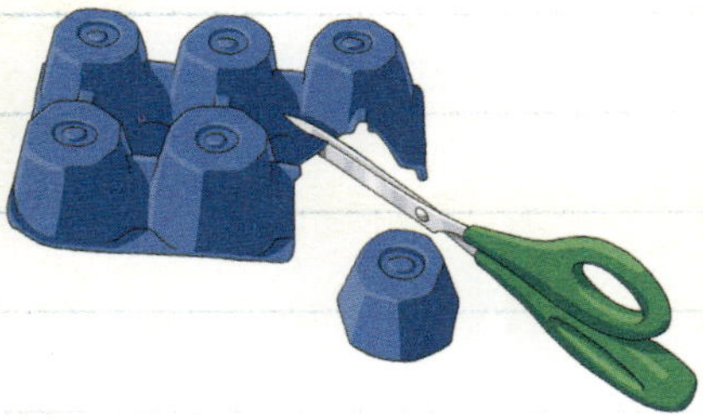

Ritaglia le sagome dalle basi dei cartoni. Più ne tagli, più il serpente sarà lungo.

2

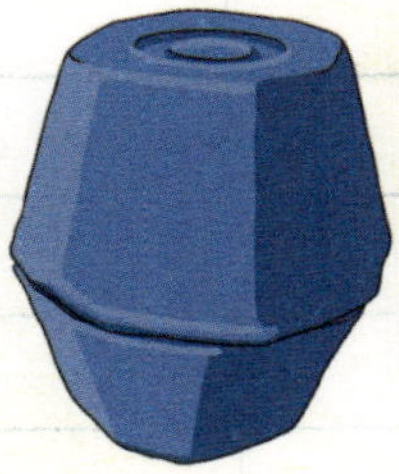

Incolla due sagome tra loro per formare un barilotto. Usa tutte quelle che hai ritagliato per farne tanti altri.

3

Dipingi i barilotti di colori vivaci. Poi, con una matita, fai un buco sulle due estremità di ognuno.

4

Ritaglia una punta dalla base di un cartone. Dipingila e, con una matita, fai un buco in cima.

5

Prendi un lungo pezzo di spago e fai un nodo su un capo. Fissalo su una cannuccia e fallo passare in tutti i barilotti. Poi fai un nodo sull'altro capo per fermarlo.

sssssS

6

Prepara una striscia di cartoncino rosso e ritaglia una V su un'estremità per fare la lingua. Incollala e aggiungi anche gli occhi adesivi. Il serpente è pronto e sibilante!

Suggerimento
Per abbellire il serpente, dipingi tante macchioline sui barilotti.

Canguro

Occorrente

3 cartoni

Cartoncino spesso

Tempera marrone chiaro, marrone scuro, crema e rosa

4 occhi adesivi

Feltro verde

1

Prendi un cartone e taglia via la parte finale.

2

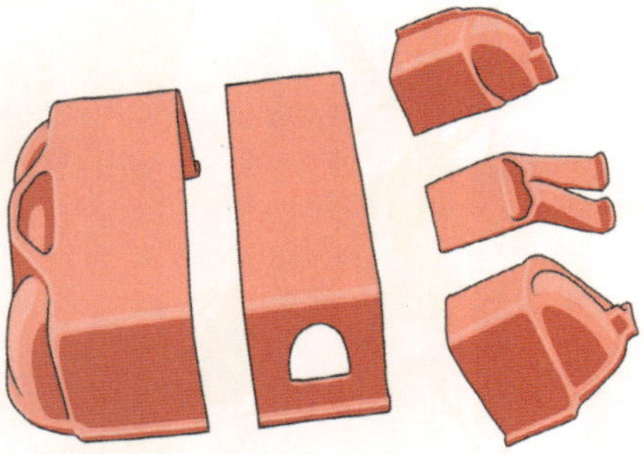

Prendi il coperchio di un altro cartone e taglialo come mostrato. Il pezzo grande sarà il marsupio, quelli piccoli, le zampe.

3

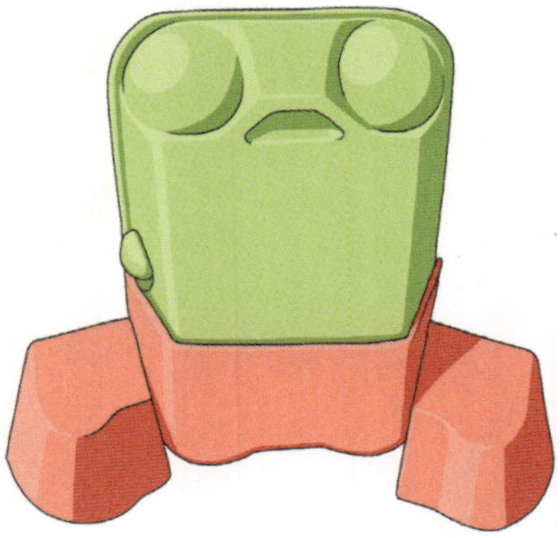

Incolla il marsupio sul davanti del cartone e le zampe ai lati, come mostrato.

4

Ritaglia due orecchie e due braccia di cartoncino spesso.

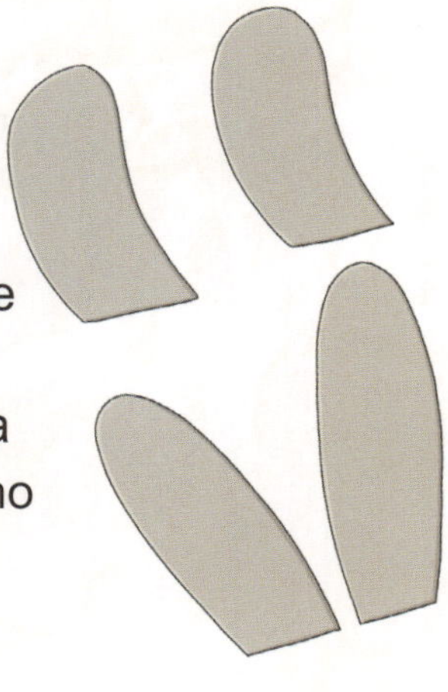

5

Incollale. Dipingi il corpo di marrone chiaro con la pancia color crema e aggiungi il rosa all'interno delle orecchie.

6

Ritaglia una sagoma dalla base di un cartone e prepara due piccole orecchie di cartoncino spesso. Dipingi di marrone scuro e rosa.

7

Incolla il cangurino nel marsupio della mamma e aggiungi due braccia di cartoncino.

8

Per mamma canguro, incolla gli occhi adesivi su due cerchiolini di feltro verde e fissali sul muso. Incolla anche gli occhi del cucciolo. Completa entrambi con il naso e il sorriso.

suggerimento
Prova a realizzare un'altra varietà di canguro dipingendo i modelli di grigio.

Maschera con i baffi

Scommettiamo che nessuno ti riconoscerà?

Occorrente

1 cartone
Tempera rosa e nera
Cartoncino spesso
Elastico

1

Prendi la base del cartone e taglia via la parte finale.

2

Per gli occhi, fai due buchi con la punta di una matita, come mostrato, e rifinisci i bordi.

3

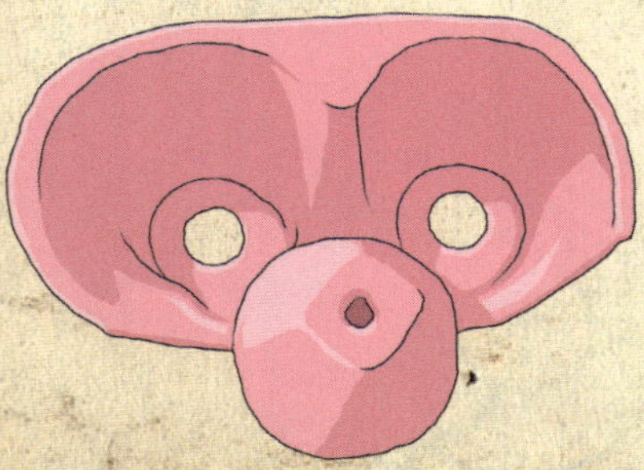

Dipingi la maschera di rosa.

4

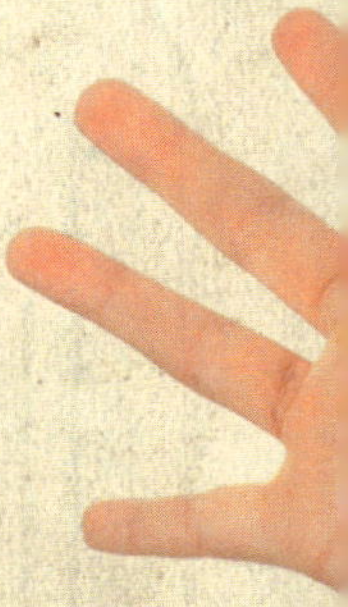

Ritaglia un paio di baffi e due sopracciglia di cartoncino spesso. Dipingili di nero.

5

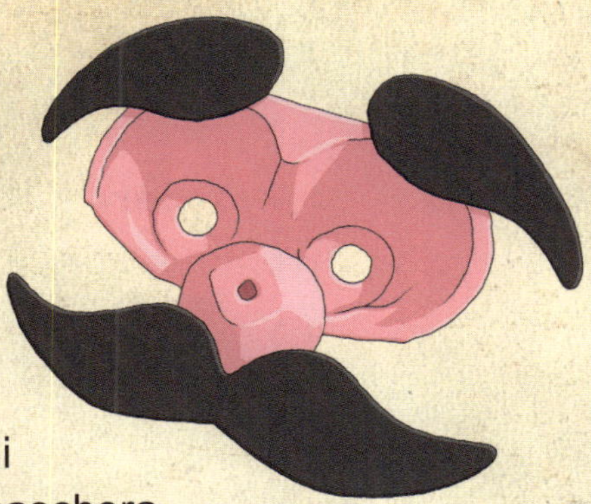

Incollali
sulla maschera.

6

Con la matita fai due buchini ai lati del naso e infilaci un pezzo di elastico.
Fai un nodo su ciascun capo dell'elastico per fermarlo e indossa la maschera!

Mini insetti

Occorrente

1 cartone

Tempera

Feltro o cartoncino nero

6 occhi adesivi

Suggerimento
In natura, gli insetti molto colorati sono i più pericolosi!

1

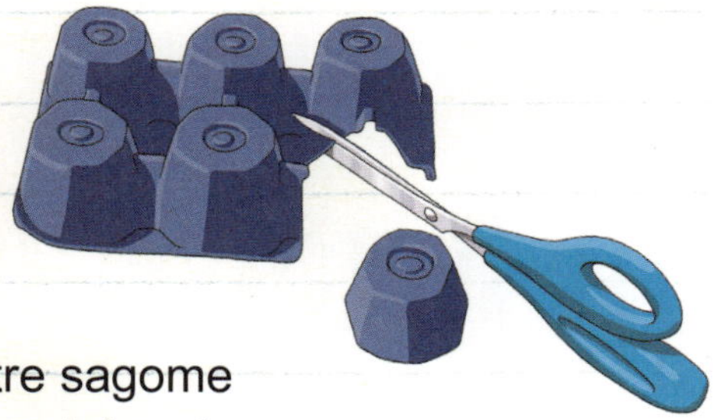

Ritaglia tre sagome dalla base del cartone.

2

Dipingi le sagome di colori vivaci.

3

Decorale con strisce o macchioline.

4

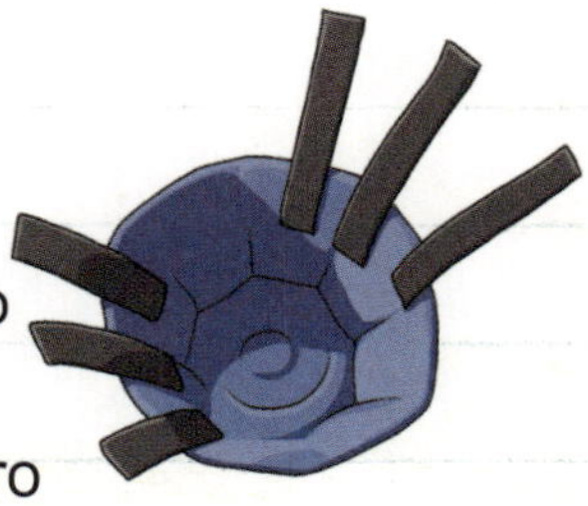

Taglia 18 striscioline di feltro o cartoncino nero e incollane 6 dentro ogni sagoma.

5

Aggiungi due occhi adesivi su ogni insetto e liberali in tutta la casa!

Pesciolini

Tieni questa bella composizione in bagno o nella tua cameretta per vivere tante avventure marine.

Occorrente

3 cartoni
Tempera
4 cannucce
10 occhi adesivi

1

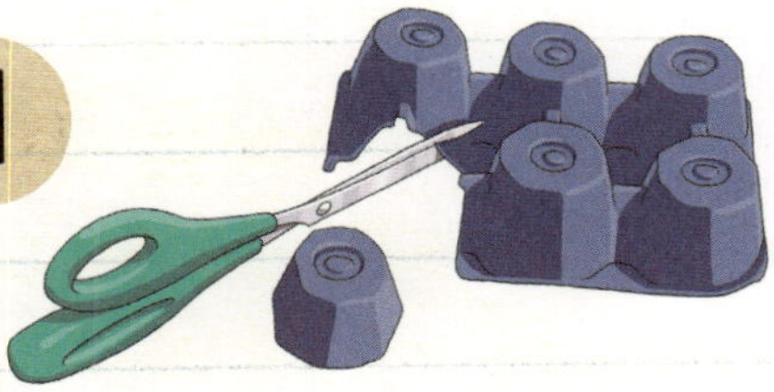

Il progetto prevede cinque pesci. Per ogni pesce ritaglia tre sagome da un cartone.

2

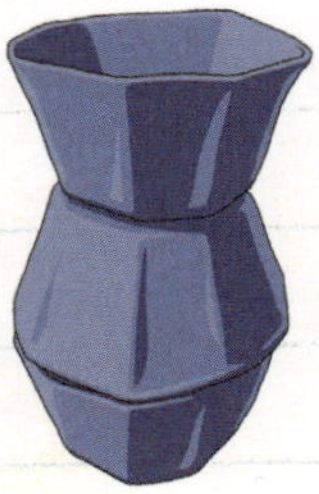

Incolla due sagome tra loro formando un barilotto. Incolla la terza sagoma in cima per fare la coda.

3

Fai due tacche a forma di V sulla coda. Dipingi l'interno e l'esterno di colori diversi, aggiungendo strisce o macchioline. Completa con un puntino per la bocca e due occhi adesivi.

4

Con una matita fai un buco sotto ogni pesce. Infila una cannuccia nel buco e incollala.

5

Dipingi il coperchio di un cartone e con la matita fai tanti buchi quante sono le cannucce. Infila le cannucce nei buchi e incollale.

Anatroccolo

Occorrente

1 cartone
Tempera gialla
Cartoncino arancione
2 occhi adesivi

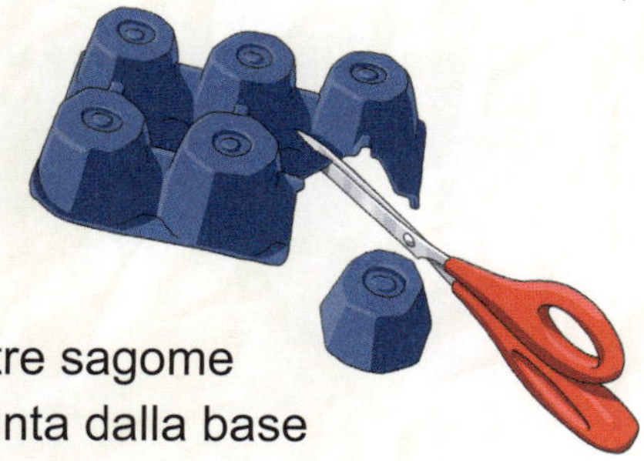

1

Ritaglia tre sagome e una punta dalla base di un cartone.

2

Incolla due sagome tra loro per formare un barilotto, poi incollaci sopra la punta.

3

Incolla la terza sagoma sopra la punta. Dipingi tutto di giallo.

4

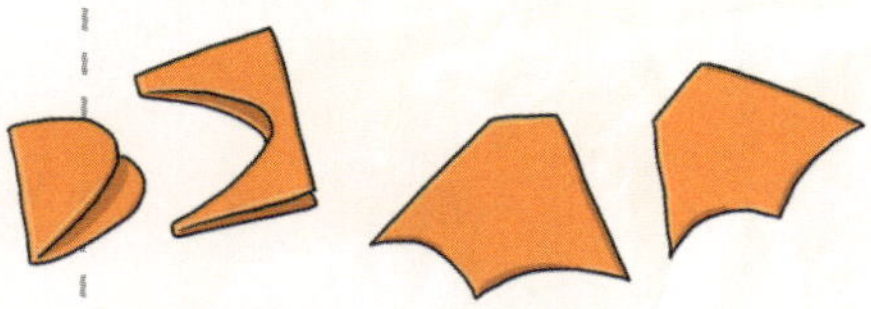

Ritaglia i piedi palmati e il becco nel cartoncino arancione, poi incollali.

5

Aggiungi gli occhi adesivi e l'anatroccolo è pronto. Qua qua qua!

Topolino da dito

Occorrente

1 cartone

Tempera grigia o bianca, nera e rosa

Cartoncino

2 occhi adesivi

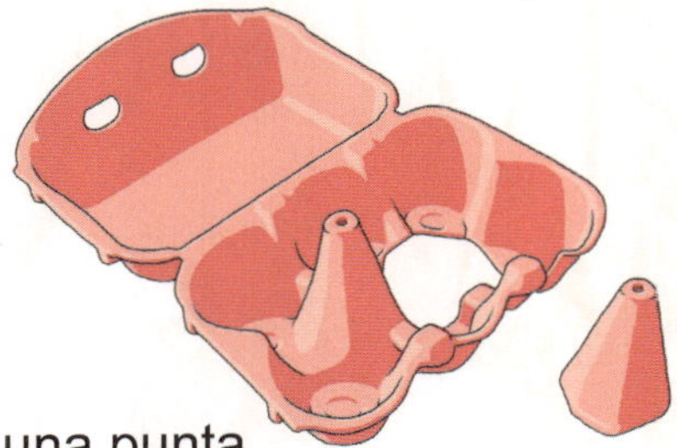

1

Ritaglia una punta dalla base del cartone per fare il muso.

2

Dipingilo di grigio o di bianco, con la punta nera.

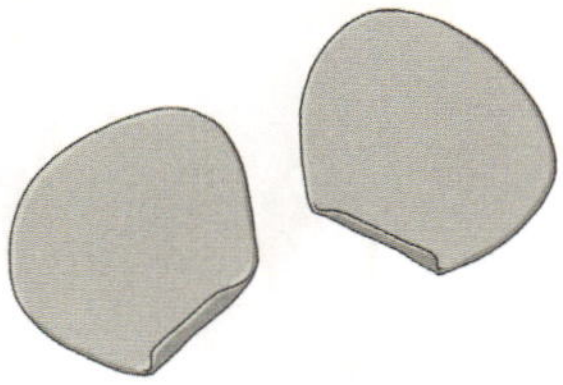

3

Ritaglia due orecchie di cartoncino e dipingile come il muso.

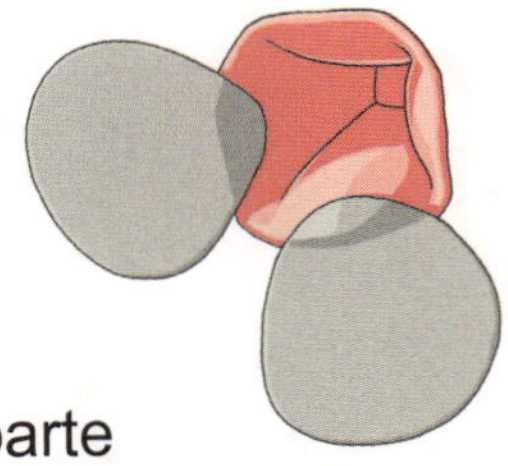

4

Piega la parte più stretta delle orecchie e incollale dentro la testa.

5

Dipingi l’interno delle orecchie di rosa e aggiungi gli occhi adesivi. Squit!

Occhi pazzerelli

Sorprendi i tuoi amici con questi incredibili occhi pazzerelli!

Occorrente

1 cartone
Tempera
Cartoncino nero
Elastico

1

Ritaglia due sagome dalla base del cartone.

2

Con una matita fai un buco al centro di ogni sagoma e rifinisci i bordi.

3

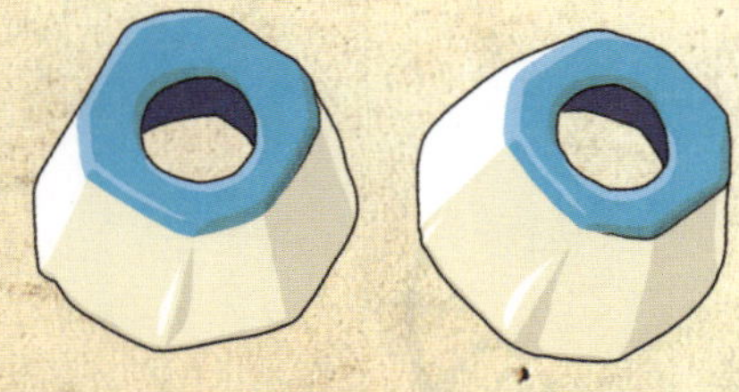

Dipingi i lati delle sagome di bianco e la parte superiore del colore che preferisci.

4

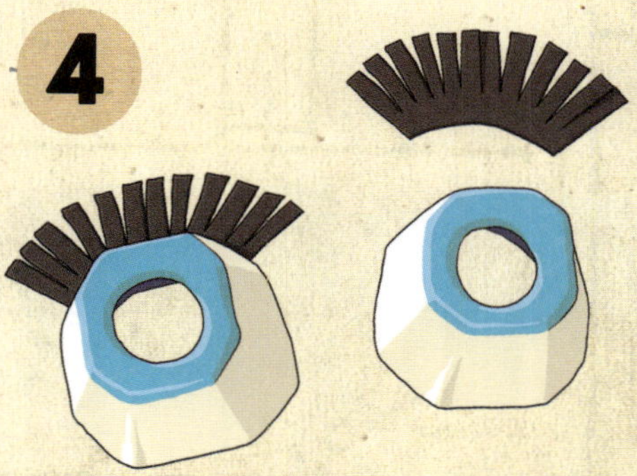

Ritaglia due strisce di cartoncino nero e fai tanti tagli lungo un margine. Incollale sul bordo superiore delle sagome per fare le ciglia.

5

Fai due buchini ai lati di ogni sagoma. Infila un piccolo pezzo di elastico tra i due buchi centrali, come mostrato, e fermalo con due nodi. Ripeti per i due buchi esterni usando un pezzo di elastico più lungo. Gli occhi pazzerelli sono pronti da indossare!

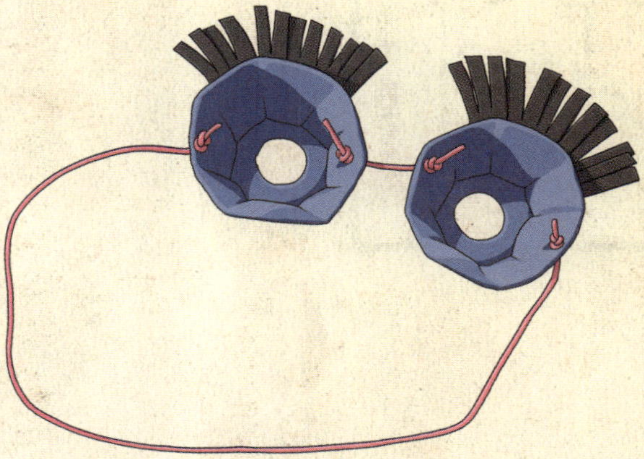

suggerimento

Se vuoi, aggiungi le ciglia anche sul bordo inferiore degli occhi!

Mostro

Hai paura dei mostri che si nascondono sotto il letto? Questo piccolo amico li terrà lontani!

Occorrente

3 cartoni
Tempera
3 occhi adesivi

1

Prendi la base di un cartone delle uova e ritaglia tre sagome in fila.

2

Incolla le tre sagome su un altro cartone per formare il corpo del mostro.

3

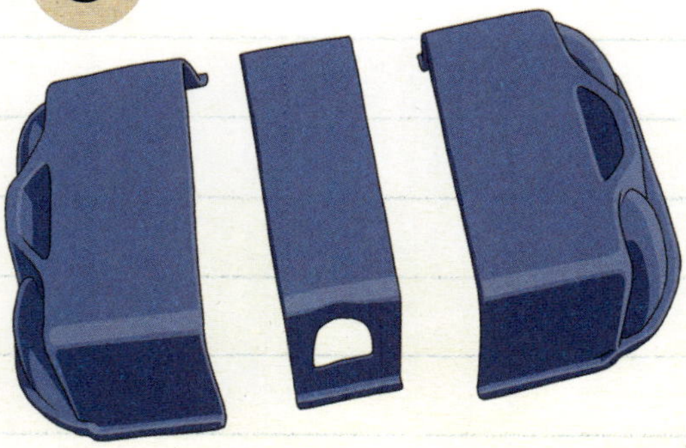

Per creare le zampe, prendi il coperchio del terzo cartone e taglia via le due estremità.

4

Incollale sotto il corpo del mostro.

5

Per le corna, ritaglia due punte dalla base di un cartone. Dipingi il mostro.

6

Aggiungi le macchioline, gli artigli e tre cerchi rosa. In mezzo ai cerchi incolla gli occhi adesivi e completa con un bel sorriso!

CHE CARINO!

Coccodrillo

Questo feroce amico farà la guardia fuori dalla tua cameretta. E se vuoi stare ancora più sicuro, perché non ne costruisci due?

Occorrente

4 cartoni
(1 incernierato sul lato corto)

Cartoncino spesso

Tempera verde e gialla

2 occhi adesivi

1

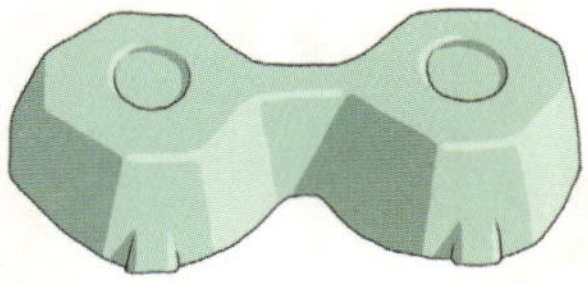

Per gli occhi, ritaglia due sagome in fila dalla base di un cartone.

2

Per la coda, ritaglia cinque punte dalla base di un altro cartone. Tagliale in modo che siano di dimensioni diverse.

3

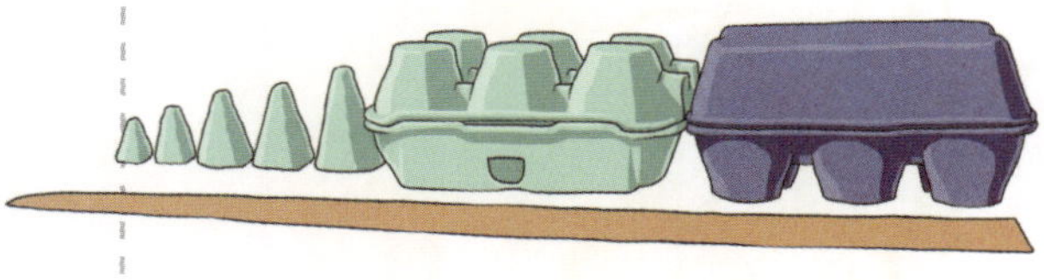

Allinea il cartone incernierato sul lato corto a un altro cartone capovolto. Aggiungi le punte della coda, come mostrato. Poi taglia un pezzo di cartoncino spesso, lungo come il coccodrillo.

4

Incolla tutte le parti sul cartoncino e poi incolla sulla testa il pezzo degli occhi.

5

Dipingi il coccodrillo di verde brillante a macchioline gialle e completa con gli occhi adesivi.

Strega

Occorrente

1 cartone
Tempera nera
1 pallina di polistirolo
Feltro viola e nero

1

Ritaglia due sagome e una punta dalla base del cartone.

2

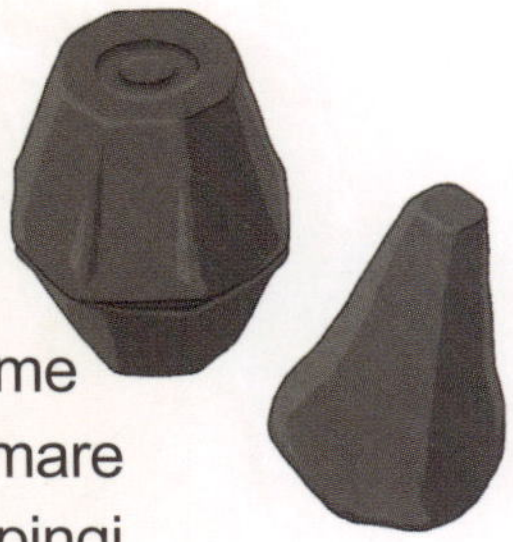

Incolla le sagome tra loro per formare un barilotto. Dipingi tutti i pezzi di nero.

3

Dipingi di giallo la pallina di polistirolo e incollala sul barilotto.

4

Taglia una striscia di feltro viola e fai tanti tagli lungo un margine, poi incollala dentro il cappello.

5

Ritaglia un mantello di feltro nero e incollalo sul corpo.

6

Disegna il viso della strega. Crea una zucca con un altro barilotto dipinto di arancione, una cannuccia verde e un pezzo di feltro verde.

Occorrente per la zucca:
tempera arancione
cannuccia verde
pezzo di feltro verde

Nave pirata

Avanti tutta, miei prodi! Preparati a salpare per i sette mari a bordo di questo strepitoso vascello!

Occorrente

2 cartoni da dodici

1 cartone da sei

Tempera marrone, azzurra, nera e rossa

Cartoncino giallo e bianco

3 cannucce

1

Capovolgi il coperchio di un cartone da dodici e incollalo sopra l'altro.

2

Incolla il cartone da sei sopra gli altri e dipingili di marrone.

3

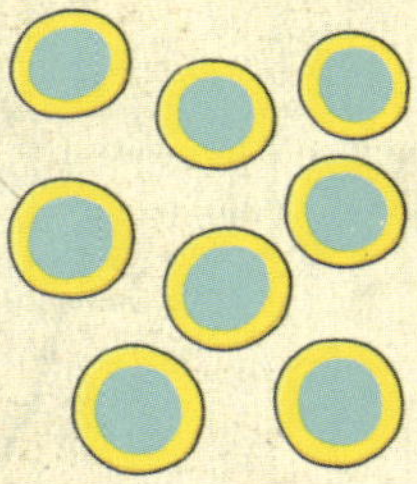

Ritaglia tanti cerchi gialli e dipingili di azzurro al centro, per fare gli oblò.

4

Incollali sulla nave.

5

Ritaglia cinque quadrati di cartoncino di dimensioni diverse. Dipingine uno a strisce e un altro con il simbolo dei pirati: saranno le vele.

6

Con una matita fai tre buchi sulla parte superiore della nave. Infilaci tre cannucce e incollale per fare gli alberi della nave.

7

Incolla le vele alle cannucce prima di partire per la prossima avventura!

AVANTI TUTTA!

suggerimento
Se vuoi, realizza anche il ponte della nave con il cartoncino colorato.

Aereo

Puoi realizzare tanti piccoli aerei e appenderli al soffitto della tua cameretta come decorazione.

Occorrente

2 cartoni

Tempera azzurra e di altri colori

Cartoncino giallo e di altri colori

1 fermacampione

1

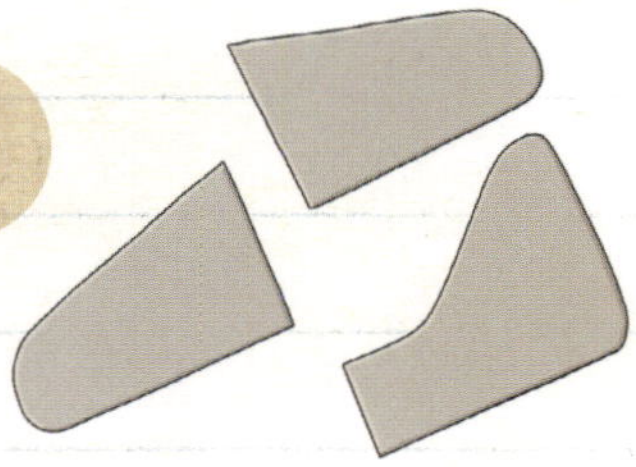

Ritaglia due ali e una coda di cartoncino spesso.

2

Apri un cartone delle uova e incollaci dentro le ali.

3

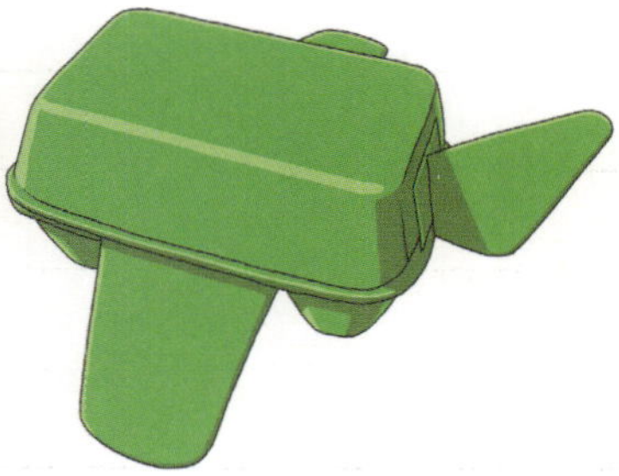

Fai un taglio su un lato del cartone e incolla la coda. Poi dipingi l'aereo.

4

Ritaglia una sagoma dall'altro cartone, fai due tacche a forma di V sui bordi e dipingi come l'aereo. Ritaglia anche una punta, fai un taglio sui quattro angoli, appiattisci i lati e dipingi di un colore diverso: questa sarà l'elica.

5

Con una matita fai un buco al centro dell'elica e della sagoma. Uniscile con un fermacampione, come mostrato.

6

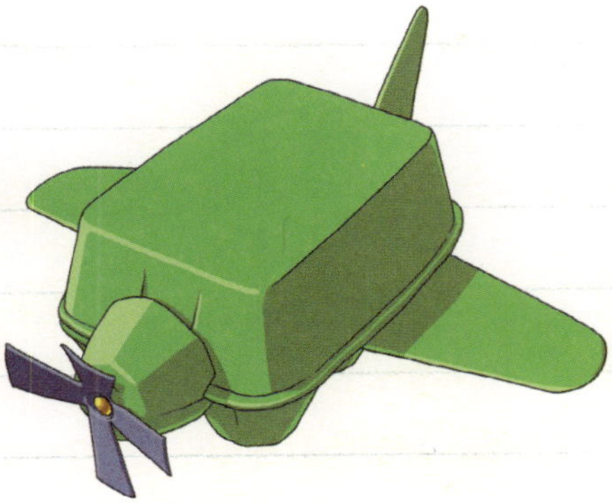

Incolla il muso e l'elica sul davanti dell'aereo.

7

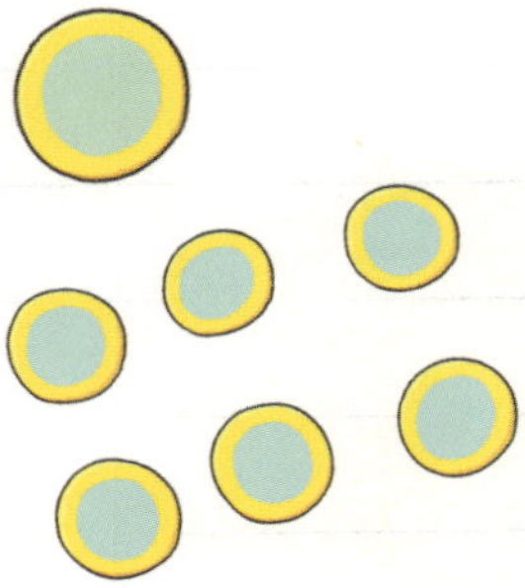

Ritaglia sette cerchi gialli, sei piccoli e uno grande, e dipingili di azzurro al centro. Taglia il cerchio grande a metà, per i finestrini della cabina.

8

Incolla i finestrini sull'aereo.

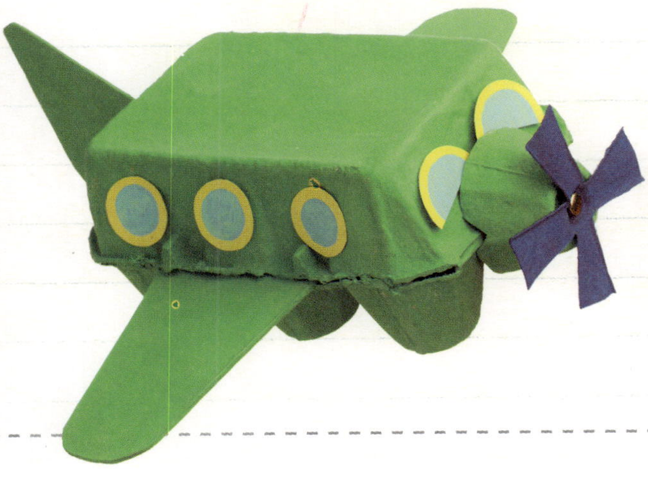

Scrigno del tesoro

Non sai dove nascondere i tuoi tesori più preziosi? Problema risolto. Nascondi tutto dentro questo scrigno favoloso.

Occorrente

3 cartoni
Tempera marrone e gialla
Cartoncino giallo
Nastro (per il tesoro)
Pennarello arancione

1 Dipingi di marrone un cartone delle uova.

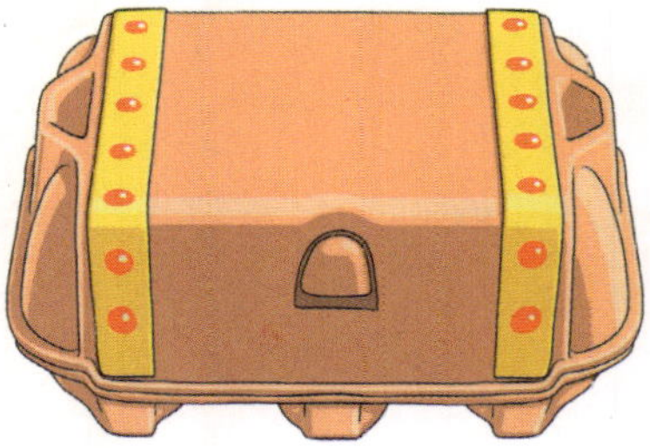

2 Taglia due strisce di cartoncino giallo e incollale sul cartone. Disegna i chiodi con un pennarello arancione.

3 Piega a metà un pezzo di cartoncino giallo e ritaglia il lucchetto.

4 Disegna il foro per la chiave con un pennarello nero.

5

Per il tesoro, ritaglia i dischi delle basi di altri due cartoni, incollali sul nastro e dipingili di giallo.

6

Puoi costruire monete e collane: l'importante è tenere il bottino lontano dai pirati!

Rimorchiatore

Questa imbarcazione è così facile da fare che potresti costruirne un'intera flotta, con cui divertirti per intere giornate.

Occorrente

1 cartone da dodici
2 cartoni da sei
Tempera
Cartoncino giallo e grigio

1

Taglia via il coperchio del cartone grande e dipingilo. Cambia colore e dipingi un cartone piccolo.

2

Incolla il cartone piccolo al centro di quello grande.

3

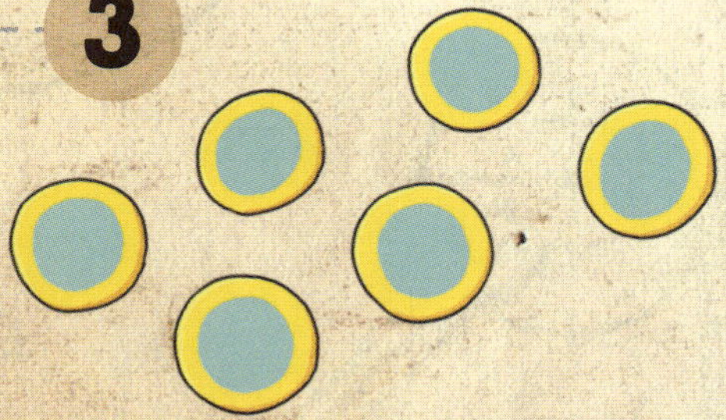

Per gli oblò, ritaglia tanti cerchi gialli e dipingili di azzurro al centro.

CIUF
CIUF

4

Per i fumaioli, ritaglia due punte dalla base di un cartone e dipingile.

5

Con una matita fai due buchi sulla parte superiore del rimorchiatore, infilaci i fumaioli e incollali.

6

Ritaglia una nuvola di cartoncino grigio. Fai un taglio sul fondo e infilala su uno dei fumaioli per ricreare il fumo. Il tuo rimorchiatore è pronto per mettersi al lavoro!

Trattore

Brum! Brum! In campagna si lavora sodo: costruisci questo trattore indistruttibile e mettiti alla guida, bisogna arare i campi!

Occorrente

3 cartoni

Tempera rossa, bianca, nera e azzurra

Cartoncino spesso

Cartoncino ondulato argentato

1

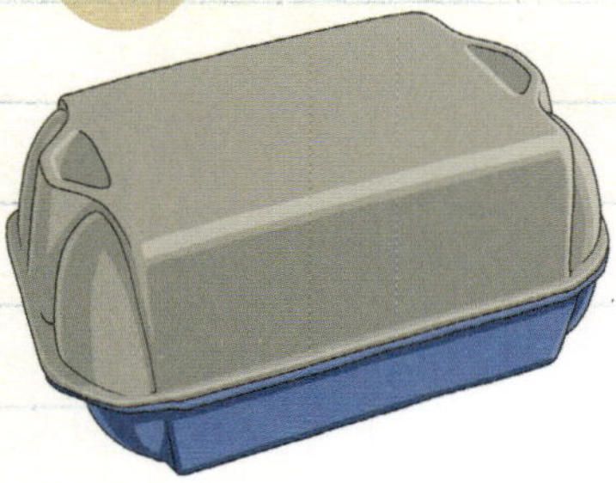

Taglia via i coperchi di due cartoni e incollali tra loro per creare il corpo centrale del trattore.

2

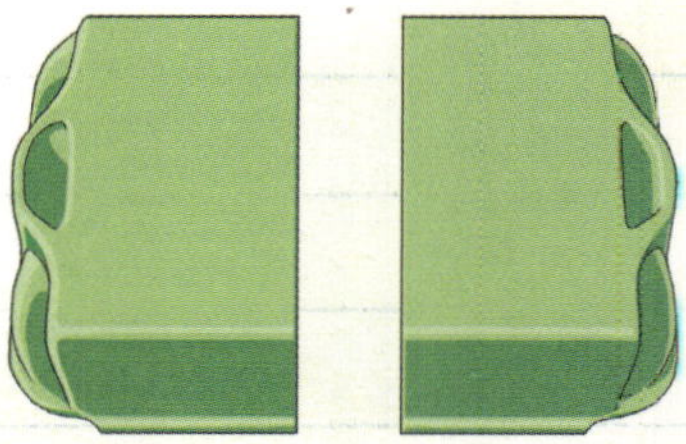

Per la cabina, taglia a metà il terzo cartone e incolla tra loro i pezzi di una metà.

3

Taglia a V il bordo inferiore della cabina.

4

Incolla la cabina sul trattore, come mostrato, e dipingi tutto di rosso.

5

Ritaglia quattro cerchi di cartoncino spesso, due grandi e due piccoli, e dipingili come ruote.

6

Incolla le ruote al trattore.

7

Aggiungi i finestrini e un rettangolo di cartoncino ondulato argentato per il muso del trattore.

Granchio

Questo granchietto impertinente starà benissimo in bagno o in compagnia di altre creature marine.

Occorrente

2 cartoni
Cartoncino
Tempera
2 fermacampione
2 occhi adesivi

1

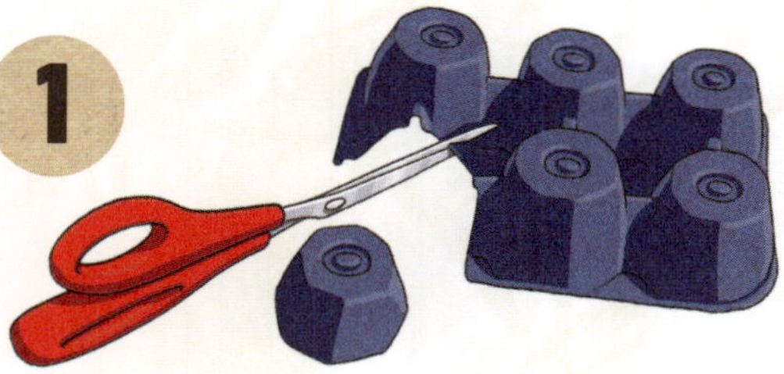

Ritaglia due sagome dalla base di un cartone.

2

Incollale sull'altro cartone per fare gli occhi.

3

Ritaglia due chele di cartoncino, assicurandoti che siano delle dimensioni giuste per il corpo del granchio.

4

Dipingi le chele.

5

Dipingi il corpo del granchio e aggiungi le macchioline.

Suggerimento
I buchi del punto 6 devono essere più piccoli della testa dei fermacampione.

6

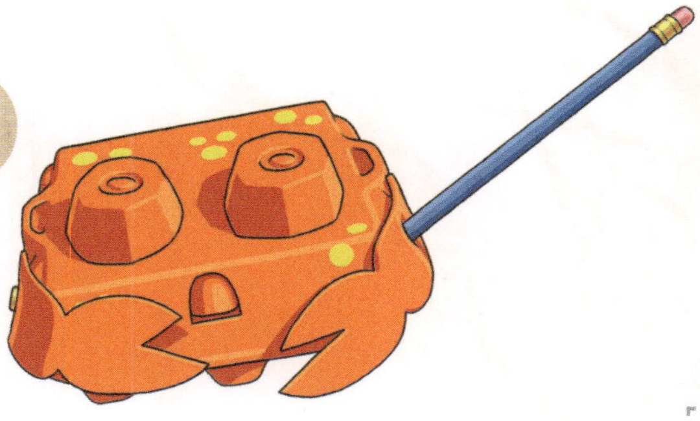

Con una matita fai un buco in ciascuna chela e ai lati del granchio. Fissa le chele sul corpo con i fermacampione.

7

Completa con gli occhi adesivi. Il granchio è pronto, ma attento ai suoi pizzicotti!

UN LIBRO QUARTO

Titolo originale: 51 THINGS TO MAKE WITH EGG BOXES

Per l'Italia: © 2017 Il Castello srl
Via Milano 73/75 – 20010 Cornaredo (MI)
Tel. 02 99762433 – Fax 02 99762445
e-mail: info@ilcastelloeditore.it – www.ilcastelloeditore.it

Direzione generale: Luca Belloni
Direzione editoriale: Viviana Reverso

Traduzione: Francesca Pe'
Revisione a cura della Redazione de Il Castello srl
Elaborazione testi a computer: Elena Turconi

Direttore generale: Maxime Boucknooghe
Direttore editoriale: Victoria Garrard
Art director: Miranda Snow
Redazione: Sophie Hallam, Sarah Eason e Jennifer Sanderson
Grafica: Paul Myerscough
Fotografie: Michael Wicks
Illustrazioni: Tom Connell
Si ringraziano i piccoli modelli Islah, Ethan e Ania.

Stampato in Cina